国家自然科学基金面上项目"贸易中介空间集聚、沟通外溢性与企业出口边际"
（项目编号：72073123）；

浙江省教育厅一般科研项目"报酬递增视角下专业市场与产业集群联动升级研究"
（项目编号：Y202147626）

新发展格局下
专业市场高质量发展研究

张友丰 ◎ 著

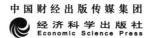

中国财经出版传媒集团

经济科学出版社
Economic Science Press

图书在版编目（CIP）数据

新发展格局下专业市场高质量发展研究/张友丰著
. ――北京：经济科学出版社，2022.10
ISBN 978 - 7 - 5218 - 4170 - 1

Ⅰ.①新⋯　Ⅱ.①张⋯　Ⅲ.①专业市场 - 经济发展 -
研究 - 中国　Ⅳ.①F727.2

中国版本图书馆 CIP 数据核字（2022）第 198349 号

责任编辑：孙丽丽　撖晓宇
责任校对：隗立娜
责任印制：范　艳

新发展格局下专业市场高质量发展研究

张友丰　著
经济科学出版社出版、发行　新华书店经销
社址：北京市海淀区阜成路甲 28 号　邮编：100142
总编部电话：010 - 88191217　发行部电话：010 - 88191522
网址：www. esp. com. cn
电子邮箱：esp@ esp. com. cn
天猫网店：经济科学出版社旗舰店
网址：http：//jjkxcbs. tmall. com
北京密兴印刷有限公司印装
710 × 1000　16 开　10.75 印张　170000 字
2022 年 11 月第 1 版　2022 年 11 月第 1 次印刷
ISBN 978 - 7 - 5218 - 4170 - 1　定价：46.00 元
（图书出现印装问题，本社负责调换。电话：010 - 88191545）
（版权所有　侵权必究　打击盗版　举报热线：010 - 88191661
QQ：2242791300　营销中心电话：010 - 88191537
电子邮箱：dbts@ esp. com. cn）

前　言
PREFACE

专业市场是我国改革开放以来一项举世瞩目的制度创新。作为一种基于共享式销售渠道和信息平台的制度形式，专业市场为我国经济发展尤其是农村工业化做出了不可磨灭的贡献。专业市场的发展历程本质上是一个随着内外部条件的变化而不断分化、重构与升级的复杂系统演化过程。然而，为什么专业市场会出现分化重构，从而导致有些专业市场走向繁荣，而有些市场却日趋衰弱甚至消亡？专业市场转型提升抑或萎缩消亡的主导力量、外部条件、影响因素、路径方式，尤其是现阶段新发展格局下专业市场科学发展、实现高质量发展的机制和对策应如何解答？近年来，国际贸易环境复杂多变，会展经济风起云涌，电子商务、现代物流、直销等现代经营方式快速兴起，国内同质化竞争不断加剧，所有这些都对专业市场的可持续发展提出了严峻挑战。"十四五"时期将是我国专业市场"二次创业"的关键时期，因此，必须遵循工业经济向城市经济、专业分工向主题分工、集群竞争向链群竞争、品牌渠道向渠道品牌转变的趋势，将专业市场的改造提升与传统产业升级和新兴产业发展相结合，对市场的功能体系、形态结构、运作流程、交易模式、商品品质、竞争策略等进行再造，借助电子商务、会展等新型交易方式和平台，依托现代物流配送网络，推进品牌战略，打造现代新型专业市场。

针对上述管理理论与实践问题，本书拟在对典型专业市场进行史料分析、实地调研、数据收集的基础上，主要运用新增长理论、新兴古典经济学、比较制度分析、演化博弈理论等思想，着重回答以下三个科学问题：一是探究专业市场在进入新世纪以来所面临的主要问题以及呈现的新的趋势特征；二是揭示专业市场在新的发展阶段和时代背景下实现转型提升进而转入高质量发展的条件、机制及影响因素，并对此进行建模与实证分析；三是提出具有现实针对性和差异性的专业市场科学发展、转型提升的路径、模式与对策，以助力专业市场在新发展格局下实现高质量发展。具体而言，本书主要从以下两个部分研究和阐释了专业市场高质量发展的内涵特征：一是基于破坏性创新理论与报酬递增思想，探究了专业市场及其协同产业集群的创新与拓展机制及路径；二是基于演化博弈、主观博弈视角，并采用比较制度分析探讨电子商务诱致下新型专业市场的生发机制及路径，解释专业市场与电子商务相互融合所诱致的制度变迁过程。新发展格局背景下专业市场的高质量发展需要与产业集群、电子商务深度融合、联动发展，报酬递增、可持续是其鲜明特征。

目 录
CONTENTS

第一部分　导论、综述与基础

第二部分　专业市场创新与网络拓展研究

第三部分 "专业市场＋电子商务"及其制度演进研究

导论、综述与基础

专业市场是推动我国区域经济高质量发展、实现"贸易强国"战略的关键载体和重要平台。在国家致力于"形成强大国内市场、构建新发展格局"的历史背景下，实现专业市场高质量发展借以形成强大国内市场不仅对其转型升级意义重大，也是我国推动社会主义市场经济体制迈向更高水平新征程中难以缺失的一环。由于进入壁垒与退出成本都较低，专业市场成为我国广大中小微企业重要的共享型、低成本的便捷贸易平台和通道。在此过程中，伴随着我国一些大型专业市场向国际化方向拓展，跨境电子商务所实现的网络延伸和功能创新，显著地增强了我国对内外贸渠道和领域的控制能力，专业市场对内外贸的转型发展发挥着越来越重要的作用。通过借助电子商务、现代物流、会展经济等提升自身功能和服务水平的新型专业市场，将有可能在规模、品牌、集聚辐射能力和范围等多个层面实现升级，逐步从地方性、区域性市场拓展为全国性乃至全球性市场，从而对我国各个层面的资源重组产生重大影响。

但不可否认，也有一些市场面临诸多发展难题，如规模较小、档次较低，素质总体不高；建筑破旧，配套设施不全，尤其是物流基础薄弱，辐射范围日渐缩小；创办者、管理者经营理念落后，品牌意识不强，难以适应现代商业模式、交易手段、服务内容创新的要求，尤其是定位不清，面对新商业模式的挑战缺乏危机感。尤其是现阶段，专业市场面临着国际贸易壁垒复杂化，国内同质化竞争加剧，会展经济、电子商务、现代物流、直销和连锁等新兴经营模式快速兴起等各种挑战。例如，电子商务迅猛发展，其信息传递可以瞬间实现，从而部分替代了传统专业市场的信息集散和交易功能；现代物流使产品销售通路越来越短，买卖双方有可能越过以批发业务为主、处于销售通路中端的传统专业市场；会展作为产业和贸易空间集聚的一种新形式，与专业市场固定场地和商位、常年洽谈销售的模式相比，能在短时间内吸引、聚集众多国内甚至国际品牌厂家。再加之，自 2008 年国际金融危机爆发以来，国际市场需求萎缩，使我国商品出口一度急剧下滑，外贸企业经营陷入困境，由此外贸转内销成为解决出口问题的重点举措之一。

外贸企业内外销并举不仅仅是危机时期的权宜之计，也是市场经济条件下企业转型升级和可持续发展的必然要求。因此，我国专业市场进入了转型升级的发展新阶段，面临着创新提升的迫切任务。"在新冠肺炎疫情持续影响、逆全球化思潮暗流涌动、世界经济复苏增长缓慢的外部环境下，如何推动商品市场高质量发展，充分发挥商品市场在资源配置中的枢纽作用，是时代命题和共同课题。"① 党的十九届五中全会审议通过的《中共中央关于制定国民经济和社会发展第十四个五年规划和二〇三五年远景目标的建议》明确提出，"形成强大国内市场，构建新发展格局"。《国务院办公厅关于促进内外贸一体化发展的意见》指出，"推进内外贸一体化有利于形成强大国内市场，有利于畅通国内国际双循环"。在此背景下，国内有些以内外市场兼修为主要特征的专业市场日益成为各地区促进内外贸一体化发展、利用国内国际两个市场两种资源的有效载体。

---

① "中国商品市场综合百强"榜单发布　数字化成新动能［EB/OL］. 中国新闻网，2021 – 10 – 22，https：//www. chinanews. com. cn/cj/2021/10 – 22/9592848. shtml.

导　　论

第一节　研究背景和问题的提出

一、研究背景

改革开放以来，专业市场作为一种重要的流通组织形式和交易制度，凭借其规模化的交易平台和销售网络形成需求集聚效应，带动产业集群的发展并获得规模经济、联结经济和范围经济，为我国区域经济的发展尤其是农村工业做出了不可磨灭的贡献（郑勇军，1998；黄思，2020），被联合国誉为"全球最大的小商品批发市场"的义乌，已成为中国特色社会主义在县域层面成功实践的典范（陆立军、陈丹波，2018）。国家统计局数据显示，2020年，我国亿元以上商品交易市场成交额为105748.65亿元，其中，专业市场成交额达到了80029.59亿元。另外，我国亿元以上商品交易批发市场成交额为93874.55亿元，其中，综合批发市场成交额22465.31亿元，专业批发市场成交额71409.24亿元。[①] 经过几十年的发展与实践，随着信息技术的发展、经济环境和市场需求的改变，一些大型专业市场在市场形态、发展理

---

① 资料来源：国家统计局，https：//data. stats. gov. cn/easyquery. htm？cn＝C01。

念、经营业态以及功能和性质等方面正在不断演变和创新。

现代化的新型专业市场突破了传统的商品交易场所概念，发展为集现代物流体系、电子商务、市场产业网络和金融信息等配套服务于一体，协调发展的新型经济综合体，其市场功能正在由传统单一的商品流通向信息汇集、商务配套、产品创新等方面拓展。利用市场前沿的需求与产业信息，组织设计研发、整合延伸产业链，提升产品附加值并实现价值再造。现代化的新型专业市场加快了现代服务业的发展，推动着产业集群转型升级，正成为现代经济业态和城市发展的重要引擎。与此同时，伴随大数据、云计算、人工智能等数字技术的突飞猛进，以数字化改革赋能专业市场高质量发展，已成为中国传统专业市场转型升级的迫切要求，深刻影响着新时期专业市场的贸易形态和组织形式。2021 年 10 月 22 日，由国家市场监督管理总局、浙江省人民政府主办，浙江省市场监督管理局和义乌市人民政府承办的第 12 届中国商品市场峰会在义乌召开，市场峰会以"数字化引领商品市场现代化高质量发展"为主题。在此次市场峰会上，首次发布了"中国商品市场十大数字化领跑者"榜单。义乌"中国小商品城"、海宁中国皮革城、绍兴中国轻纺城、常州夏溪花木市场、深圳水贝万山珠宝文化产业园等成为商品市场数字化转型实践的典型代表。中国商品市场十大数字化领跑者名单见表 1 - 1。

表 1 - 1　　　　　　中国商品市场十大数字化领跑者名单

序号	市场名称	所属地区
1	义乌"中国小商品城"	浙江金华
2	海宁中国皮革城	浙江嘉兴
3	绍兴中国轻纺城（网上轻纺城）	浙江绍兴
4	常州夏溪花木市场	江苏常州
5	深圳水贝万山珠宝文化产业园	深圳罗湖
6	临沂临谷电商科技创新孵化园	山东临沂
7	诸暨华东国际珠宝城	浙江绍兴
8	永康中国科技五金城	浙江永康
9	中国（临沂）花木博览城	山东临沂
10	舟山国际水产城	浙江舟山

资料来源："中国商品市场综合百强"榜单发布　浙江位列各省第一 [EB/OL]. 浙江在线，2021 - 10，https：//zjnews. zjol. com. cn/zjnews/202110/t20211023_23260706. shtml.

　　然而，近年来供给和需求不平衡、不协调的矛盾和问题日益凸显，供给侧对需求侧变化的适应性调整显著滞后（王一鸣、陈昌盛、李承健，2016）。与此同时，受报酬递减规律的作用，经济效益增长继续放慢，6%~7%的经济增长对应的行业、企业效益增长仅为2%~3%，行业经济或企业经济愈加困难（王小广，2020）。对专业市场而言，传统市场中生产企业或外贸公司低附加值、同质化的大批量订单式发展模式（聂爽爽、马艳丽，2020），已与国内国际消费需求多元化、高端化、定制化特征所决定的"单密量少"发展趋势不相匹配。在国家致力于"形成强大国内市场、构建新发展格局"的历史背景下，不仅对以专业市场为交易平台的地方性产业集群提出了挑战，也对专业市场的转型发展提出了紧迫要求。一是，伴随电子商务、大型综合商场等新型流通形式的日益流行，以及大型企业逐步自建营销渠道的冲击，社会发展对传统专业市场的功能需求趋于减弱态势。二是，专业市场作为主要集聚同类或相关产品中小企业的共享平台，如果依靠原有模仿创新与价格竞争为主要贸易模式所带动的低端加工制造来继续扩大产能和交易规模，就可能会因资源瓶颈、贸易壁垒及市场空间约束等问题而出现"消亡"的风险。鉴于上述原因，不少专业市场已处于亟待转型的关键时期（鲁晓玮、盛亚，2018）。

　　2011年11月9日，由国家工商行政管理总局、浙江省人民政府联合主办的第7届中国商品市场峰会在台州举行。会上，中国社科院发布了"中国商品市场百强"榜单和《中国商品市场发展报告》蓝皮书。"中国商品市场百强"榜单按综合类、纺织服装类、五金家居类、汽车及生产资料类、电子及专业市场类、农副产品类六大类型进行分类排序，其中共有38家浙江省内市场、13家浙江省外市场进入榜单，浙商办的市场占"全国百强"市场的一半以上[①]。2011中国商品市场百强名单见表1-2。

---

　　① 宁波4个市场跻身"中国商品市场百强"榜单［EB/OL］. 中国宁波网，2011-11，http：//news. cnnb. com. cn/system/2011/11/10/007141704. shtml.

表 1－2　2011 中国商品市场百强名单

综合类		纺织服装类		五金家居类		汽车及生产资料类		电子及专业用品类		农副产品类	
序号	市场名称	序号	市场名称	序号	市场名称	序号	市场名称	序号	市场名称	序号	市场名称
1	义乌中国小商品城	1	绍兴中国轻纺城	1	永康中国科技五金城	1	浙江汽配城	1	浙江颐高数码连锁广场	1	杭州农副产品物流中心
2	萧山商业城	2	海宁中国皮革城	2	浙江东阳中国木雕城	2	杭州汽车城	2	深圳华强北电子市场	2	山东寿光蔬菜批发城
3	浙江石狮商贸城	3	路桥中国日用品商城	3	浙江工量刃具市场	3	宁波华东物资城	3	海龙电子城	3	深圳市吉农产品批发市场
4	沈阳五爱市场	4	杭州四季青服装市场	4	义乌家具市场	4	余姚中国塑料城	4	台州电子数码城	4	郑州粮食批发市场
5	重庆朝天门批发市场	5	嘉兴中国茧丝绸交易市场	5	昆山港龙喜临门建材家居市场	5	宁波中国液体化工产品交易市场	5	鼎好电子城	5	广州江南果菜批发市场
6	昆明螺蛳湾国际商贸城	6	桐乡市濮院羊毛衫市场	6	无锡五洲国际装饰城	6	浙江塑料城网上交易市场	6	河北太和电子城	6	舟山中国国际水产城
7	成都国际商贸城	7	钱清中国轻纺原料城	7	湖州亿丰建材城	7	北京亚运村汽车交易市场	7	郑州科技市场	7	台州松门水产品批发市场
8	浙江钱江商城	8	浙江织里童装市场	8	浙江亿丰家居建材城	8	北京五方天雅汽车配件城	8	诸暨华东珠宝城	8	新昌江南名茶市场
9	瑞安商城	9	叠石桥家纺市场	9	湖州百川世家私广场	9	上海东方汽配城	9	红桥珍珠市场	9	衢州市粮食交易市场
10	石家庄南三条市场	10	盛泽中国东方丝绸市场	10	成都富森美家居	10	苏州新东方汽配城	10	温州文化用品市场	10	义乌农贸城

续表

综合类		纺织服装类		五金家居类		汽车及生产资料类		电子及专业用品类		农副产品类	
序号	市场名称	序号	市场名称	序号	市场名称	序号	市场名称	序号	市场名称	序号	市场名称
11	武汉汉正街	11	河南郑州服装市场——银基商贸城			11	天津空港国际汽车园	11	浙江船舶交易市场	11	庆元县香菇市场
12	北京百荣世贸商城	12	福建石狮服装城			12	铜川汽车博览园	12	广州南天国际酒店用品批发市场	12	湛江市霞山水产品批发市场
13	石家庄新华集贸中心市场	13	广东西樵轻纺城			13	西部汽车城			13	江苏凌家塘市场
14	临沂批发城	14	广东虎门富民时装城			14	广州华南汽贸广场			14	佛山市大沥江农产品综合批发市场
15	济南义乌小商品批发市场	15	广州中大布匹市场			15	新疆华凌市场			15	广东佛山中南农产品交易中心
16	通化义乌国际商贸城	16	广州白马服装			16	兰格钢铁			16	东莞信立国际农贸易城
17	上海金山国际贸易城	17	辛集皮革市场			17	上海宝山钢材交易市场			17	东莞市果菜副食交易市场
18	重庆义乌商贸城	18	白沟箱包市场			18	欧浦钢铁交易市场			18	北京新发地农副产品批发市场
19	抚顺浙商国际商贸城	19	广州狮岭（国际）皮革皮具城			19	广东鱼珠国际木材市场				
20	中缅伯乐国际商城	20	广东南国小商品城			20	广东金属物资市场				

资料来源：荆林波主编，彭磊、李蕊、张奇、赵京桥副主编. 中国商品市场发展报告（2011）[M]. 北京：社会科学文献出版社，2011：13–17.

　　2021 年 10 月 22 日，中国社会科学评价研究院在义乌举行的第 12 届中国商品市场峰会上发布了《2021 年度中国商品市场综合百强》榜单。中国商品市场综合百强榜单是在全国调研的基础上建立模型，综合考虑市场硬件基础设施、软件规范完善程度、服务意识、能力和水平的基础上，依据规模、管理人员、收入和利润等指标经测算得出。《2021 年度中国商品市场综合百强》榜单显示，义乌"中国小商品城"、绍兴中国轻纺城、武汉汉口北国际商品交易中心、长沙高桥大市场、保定白沟镇市场分别位列榜单前五。在该名单中浙江占 33 席，在各省份中排列第一。但同时可以发现，《2021 年度中国商品市场综合百强》较 2011 年发布的"中国商品市场百强"名单中的市场及排名发生了不小的变化。2021 年中国商品市场百强名单（1～50 强、51～100 强）分别见表 1-3、表 1-4。

表 1-3　　　　　　2021 中国商品市场百强名单（1～50 强）

序号	市场名称	所属地区	序号	市场名称	所属地区
1	义乌"中国小商品城"	浙江金华	16	成都国际商贸城	四川成都
2	绍兴中国轻纺城	浙江绍兴	17	舟山国际水产城	浙江舟山
3	武汉汉口北国际商品交易中心	湖北武汉	18	沧州东塑明珠商贸城	河北沧州
4	长沙高桥大市场	湖南长沙	19	河北新发地农副产品物流园	河北保定
5	保定白沟镇市场	河北保定	20	山东凯盛农产品物流城	山东济宁
6	苏州中国东方丝绸市场	江苏苏州	21	深圳茶阅世界	深圳宝安
7	海宁中国皮革城	浙江嘉兴	22	宁波镇海大宗生产资料交易中心	浙江宁波
8	常熟服装城	江苏常熟	23	长沙红星农副产品大市场	湖南长沙
9	桐乡濮院羊毛衫市场	浙江嘉兴	24	永康中国科技五金城	浙江金华
10	北京新发地农副产品批发市场	北京丰台	25	商丘农产品中心批发市场	河南商丘
11	金田阳光连锁市场	浙江杭州	26	长沙湾田国际建材商贸物流园	湖南长沙
12	余姚中国塑料城	浙江宁波	27	济南维尔康肉类水产批发市场	山东济南
13	南京农副产品物流配送中心	江苏南京	28	辽宁西柳服装城	辽宁鞍山
14	深圳华强电子世界	深圳福田	29	无锡硕放不锈钢物流园	江苏无锡
15	南通中国叠石桥国际家纺城	江苏南通	30	徐州宣武市场	江苏徐州

续表

序号	市场名称	所属地区	序号	市场名称	所属地区
31	杭州意法服饰城	浙江杭州	41	诸暨华东国际珠宝城	浙江绍兴
32	安庆光彩大市场	安徽安庆	42	东阳中国木雕城	浙江金华
33	湖南钢材大市场	湖南长沙	43	潍坊豪德贸易广场	山东潍坊
34	绍兴市越州轻纺市场	浙江绍兴	44	济南泺口服装城	山东济南
35	江苏凌家塘市场	江苏常州	45	绍兴钱清中国轻纺原料城	浙江绍兴
36	唐山玉田县鸦鸿桥市场	河北唐山	46	廊坊城环城国际汽车配件销售中心	河北廊坊
37	宁波华东物资城	浙江宁波	47	中国亳州中药材专业市场	安徽亳州
38	无锡五洲国际装饰城（工业博览城）	江苏无锡	48	贵阳西南国际商贸城	贵州贵阳
39	连云港中国东海水晶城	江苏连云港	49	东阳花园红木家具城	浙江金华
40	海外海杭州汽车城	浙江杭州	50	常州邹区灯具市场	江苏常州

资料来源："中国商品市场综合百强"榜单发布 浙江位列各省第一［EB/OL］．浙江在线，2021 - 10，https：//zjnews.zjol.com.cn/zjnews/202110/t20211023_23260706.shtml.

表 1 - 4　　　　2021 中国商品市场百强名单（51 ~ 100 强）

序号	市场名称	所属地区	序号	市场名称	所属地区
51	聊城香江光彩大市场	山东聊城	59	潍坊青州花卉苗木交易中心	山东潍坊
52	浙江大唐轻纺袜业城	浙江绍兴	60	无锡朝阳市场	江苏无锡
53	温州一德鞋博城	浙江温州	61	宁波保税区进口商品市场	浙江宁波
54	广州江南果菜批发市场	广东广州	62	深圳海吉星国际农产品物流园	深圳龙岗
55	路桥中国日用品商城	浙江台州	63	淄博周村沙发家居市场	山东淄博
56	无锡市国联金属材料市场	江苏无锡	64	宁波中国石化产品交易市场	浙江宁波
57	深圳市水贝万山珠宝文化产业园	深圳罗湖	65	临沂瑞兴市场发展有限公司汽摩配城	山东临沂
58	浙江临杭金属材料市场	浙江湖州	66	广州白马服装市场	广东广州

续表

序号	市场名称	所属地区	序号	市场名称	所属地区
67	宁波中国液体化工产品交易市场	浙江宁波	84	东莞信立国际农产品贸易城	广东东莞
68	青岛即墨服装批发市场	山东青岛	85	济南中恒商城	山东济南
69	邯郸永年标准件市场	河北邯郸	86	平湖中国服装城	浙江嘉兴
70	杭州粮油物流中心批发交易市场	浙江杭州	87	济宁金乡大蒜国际交易市场	山东济宁
71	苏州市南环桥农副产品批发市场	江苏苏州	88	广州轻纺交易园	广东广州
72	长沙黄兴海吉星国际农产品物流园	湖南长沙	89	邢台清河羊绒小镇	河北邢台
73	浙江织里童装市场	浙江湖州	90	杭州新时代家居生活广场	浙江杭州
74	中国（临沂）花木博览城	山东临沂	91	江阴市贯庄金属材料市场	江苏江阴
75	山东泰山钢材大市场	山东泰安	92	张家港保税区纺织原料市场	江苏张家港
76	嘉兴中国茧丝绸交易市场	浙江嘉兴	93	中国临沂小商品城	山东临沂
77	江苏化工品交易中心	江苏张家港	94	杭州临平江南国际丝绸城	浙江杭州
78	深圳华南国际工业原料城印刷包装原材料交易中心	深圳龙岗	95	常州夏溪花木市场	江苏常州
79	山东滕州市农副产品物流中心	山东枣庄	96	滕州嘉誉商贸城	山东枣庄
80	江苏华东五金城	江苏泰州	97	石家庄辛集皮革城	河北石家庄
81	德州海淘商城有限公司	山东德州	98	重庆渝中大融汇	重庆渝中
82	浙江瑞安商城	浙江温州	99	海宁中国家纺城	浙江嘉兴
83	山东东岳国际花木城	山东泰安	100	浙江南浔建材市场	浙江湖州

资料来源："中国商品市场综合百强"榜单发布 浙江位列各省第一 [EB/OL]. 浙江在线，2021 - 10，https：//zjnews. zjol. com. cn/zjnews/202110/t20211023_23260706. shtml.

国家统计局数据显示，2020 年我国亿元以上商品交易市场数量为 3891 个，其中，综合市场数量为 1164 个，专业市场数量为 2727 个，而在 2012 年我国亿元以上商品交易市场中专业市场达到了 3802 个，自 2012 年后我国专业市场数量呈现明显的减少趋势，2008～2020 年我国亿元以上商品交易市场中专业市场数量趋势见图 1 – 1。① 与此趋势类似，2008 年，我国亿元以上商品交易市场中专业市场摊位数为 1797731 个，到 2012 年增长至 2285163 个，而在 2020 年，我国亿元以上专业市场摊位数减少至 1828169 个②。

（个）

图 1 – 1　2008～2020 年我国亿元以上商品交易市场中专业市场数量

资料来源：国家统计局，https：//data. stats. gov. cn/easyquery. htm？cn = C01。

二、问题的提出

在西方发达国家，很多在历史上著名的专业市场伴随着工业化的进行而出现"消亡"的现象，因而"专业市场消亡论"在西方较为盛行（Braudel，1975；Pine Ⅱ，1992；Britnell and Campbell，1994）。日本学者青柳秀世（1998）指出，日本专业市场的发展趋势与欧美发达国家的专业市场相类似。在我国，虽然出现像温州一些大型传统专业市场集体衰落的现象，但事实上也有不少大型现代化专业市场仍呈现出蓬勃的生命力（陆立军、张友丰，2014）。国家统计局数据显示，在不考虑新冠肺炎疫情暴发的 2020 年，在亿元以上商品交易市场成交额统计中，我国专业市场的成交额由

①②　资料来源：国家统计局，https：//data. stats. gov. cn/easyquery. htm？cn = C01。

2008 年的 42203.14 亿元增长至 2019 年的 85121.57 亿元，2008～2019 年亿元以上商品交易市场的成交额显示，尽管专业市场成交额有所波动，但其整体趋势依旧呈现出上升态势，2008～2019 年亿元以上商品交易市场中专业市场成交额见图 1－2。①

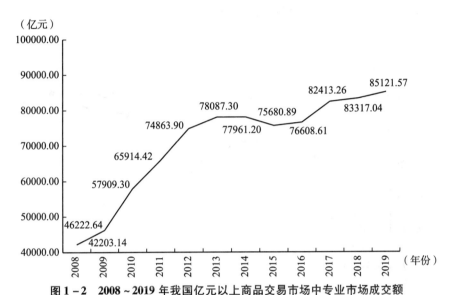

图 1－2　2008～2019 年我国亿元以上商品交易市场中专业市场成交额

资料来源：国家统计局，https：//data. stats. gov. cn/easyquery. htm？cn＝C01。

此外，在亿元以上商品交易批发市场成交额中，2010 年专业批发市场成交额为 49605.6 亿元，在 2019 年这一数据增长至 75502.55 亿元，2010～2019 年专业批发市场成交额见图 1－3。由此可以看出，尽管近年来我国专业市场在数量上呈现不断减少态势，但其成交额却依旧呈现增长态势，我国专业市场表现出较为明显的集约化发展特征。一些传统专业市场在产品空间不断扩大之后最终确实由于企业自建营销网络、电商发展、产业空心化等因素被"蚕食"，但与此同时，一些大型市场又能够顺应时代潮流并不断扩展，如义乌"中国小商品市场"、绍兴"中国轻纺城"等大型专业市场。基于对发达国家工业化进程历史与现实观察的"专业市场消亡论"，与我国一

───────────────

①　资料来源：国家统计局，https：//data. stats. gov. cn/easyquery. htm？cn＝C01。

些大型专业市场快速发展的现实并不相符。这里不禁让人深思，是什么原因使得"专业市场消亡论"与我国有些专业市场经过分化重构后焕发出蓬勃生机的事实不一致呢？这些至今仍保持生命力的新型市场区别于其他传统专业市场的内在原因和机理是怎样的？不言而喻，这其中的机理机制与经济学意义对新发展格局下专业市场的高质量发展至关重要。

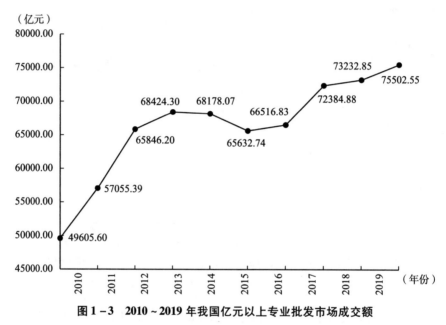

图 1-3　2010~2019 年我国亿元以上专业批发市场成交额

资料来源：国家统计局，https：//data. stats. gov. cn/easyquery. htm？cn = C01。

第二节　研究价值

一、专业市场的战略地位和作用

（一）专业市场的诞生和发展推动了我国的改革开放

专业市场是我国改革开放过程中的一项重大制度创新，它的诞生冲破了我国计划经济下传统流通体制的束缚，开启了我国市场化改革的道路。有人将专业市场对我国经济社会发展发挥的难以替代的积极作用概括为"建一座市场，带一片产业，兴一个城镇，富一方百姓"。专业市场的产生和发展顺应我国家庭工业、中小企业以及民营经济发展的需要，提供了一个开放型、低成本、大规模的共享式交易平台和销售网络，有效地降低了中小企业、批发商、客户的交易成本，形成了十分具有竞争力的批发价格；专业市场通过其生产分工网络、交易网络、物流网络与产业集群、地方经济进行有机互动，对于推进我国市场化、工业化、国际化、城市化发挥了无可替代的作用。特别在一些发达沿海地区，如浙江省、广东省、江苏省等，专业市场所发挥的功能不仅仅是作为一种专业化交易组织和资源配置方式，而且是作为在区域经济发展中起着举足轻重作用的一大商贸流通产业。

（二）专业市场的发展是我国实施以创新支撑和引领制造强国建设总战略的重要载体

专业市场提供了共享性、高效率、低成本的销售平台和网络，极大地促进了我国中小企业的发展，培育了无数创业主体，对我国扩大群众就业、保障社会稳定发挥了十分重要的基础性作用。专业市场的进入壁垒和退出成本都比较低，经营风险较小，适合普通百姓创业致富，百姓在参与市场交易的过程中，商业意识和经商技能得到提高，社会整体创业氛围显著增强。专业市场所带来的大部分商业利润被广大经营户所获得，成为"创业富民"和实现"物质富裕、精神富有"目标的重要渠道。以专业市场为核心交易网络所构建的联系产业链上下游的区域性、全国性，甚至全球性的营销网络和分工协作体系，有利于促进企业间、行业间、政府间、地区间的合作与交流，推动思想理念更新和发展思路创新；其对产业集群的引领、带动作用，有利于密切产业内部各企业之间的联系，扩大知识外溢效应，使产业集群向创新集群转变；专业市场的特征属性决定了它的组织形式是一个接近完全竞争的市场，参与市场交易的各方主体在激烈的竞争压力之下，必须积极主动、千方百计地开展产品创新、经营创新、交易创新、服务创新等（李浩川，2010），并将其延伸至经济社会的其他领域，从而推进全社会的创新活动,成为"创新强国"的强大动力。

(三) 专业市场的繁荣推动了我国经济的持续协调发展

相较于工业生产,对专业市场来而言,除了首次固定资产投入较大以外,后续的追加投入一般较少,且市场对资源能源的消耗相对较低,污染排放也少,其所关联的许多服务行业也具有类似特征,因此,专业市场的发展有利于经济与生态环境的平衡协调、和谐共进,有助于建设资源节约型、环境友好型社会(陆立军,2008)。专业市场作为服务业的重要组成部分,其发展对一二三次产业都具有很强的辐射带动效应,促进生产、流通、分配、消费过程,为市场所在地及周边地区带来大量的人流、商流、物流、信息流、资金流等,集聚了人气、商气、财气,带动了交通、金融、餐饮、住宿、通信、广告、租赁、保险、商务办公、技术服务等服务业的发展,创造出更多消费需求,促进我国经济发展方式由主要依靠出口和投资拉动向依靠消费、出口、投资协调拉动转变。尤其值得重视的是,它还提供了大量的来料加工业务,这有效解决了农村留守妇女和有劳动能力老人的生产、生活问题,促进了社会整体的和谐稳定以及区域、城乡的协调发展。

(四) 专业市场的发展在很大程度上提高了我国的世界知名度和影响力

在我国,不少专业市场的发展已具有一定的世界意义,如全球最大的小商品批发市场——义乌"中国小商品城"、全球最大的纺织品市场——柯桥"中国轻纺城"等,它们为世界各地的生产企业与贸易商提供了一个可共享的低成本商贸平台。尤其是以义乌小商品市场为核心所构建的跨区域分工协作网络——"义乌商圈",已延伸至我国的主要城市以及亚洲、欧美、非洲等全球许多国家和地区,成为一个可供世界共享的商流、物流、资金流、信息流平台。从而使得义乌小商品市场拥有了超越国界,在世界范围内获得资源优化配置的能力,通过对接义乌小商品市场,就可以实现与世界市场接轨,使义乌小商品市场以及义乌城市的发展具有了世界意义。此外,我国一些市场发展形成了数个具有中国特色的市场指数,如"中国·义乌小商品指数""中国·柯桥纺织指数"等，这些指数已成为世界相关商品贸易的风向标和晴雨表，显著提升了我国在这些商品贸易领域的国际知名度和影响力。

二、新发展格局下专业市场高质量发展的战略意义

当前，"我国已进入高质量发展阶段"[①]。但同时，新冠肺炎疫情影响深远、经济全球化遭遇逆流、全球产业链横向分工趋于区域化集聚（刘志彪，2020；刘志彪、凌永辉，2020），我国经济发展面临需求收缩、供给冲击、预期转弱三重压力[②]。《中共中央 国务院关于加快建设全国统一大市场的意见》指出："加快建设高效规范、公平竞争、充分开放的全国统一大市场，全面推动我国市场由大到强转变。"中共中央办公厅、国务院办公厅印发的《建设高标准市场体系行动方案》提出，"打通流通大动脉，推进市场提质增效，通过 5 年左右的努力，基本建成统一开放、竞争有序、制度完备、治理完善的高标准市场体系，为推动经济高质量发展、加快构建新发展格局、推进国家治理体系和治理能力现代化打下坚实基础"。专业市场是我国商贸流通不可或缺的重要环节，批发商在经济活动中发挥着重要作用（Crozet et al.，2013；Tadashi et al.，2021），是经济实现大生产、大市场、大流通的需要（Fingleton，1997；Bert Rosenbloom，2007），且专业市场有条件成为衔接国内外双向开放的重要平台（黎峰，2021）。因此，专业市场的高质量发展正成为进一步打通内循环、推动国内国际"双循环"过程中难以替代的重要枢纽，是建设"全国统一大市场"、推动经济高质量发展的关键载体和重要平台。在此背景下，实现专业市场高质量发展以形成强大国内市场不仅对其转型升级意义重大，同时也是我国构建以国内大循环为主体、国内国际双循环相互促进的新发展格局的重要路径，为建设高标准市场体

---

① 赵昌文．深刻认识"我国已进入高质量发展阶段"［EB/OL］．中国共产党新闻网，2020 - 10，http：//theory. people. com. cn/GB/n1/2020/1021/c40531 - 31899694. html？ ivk_sa = 1024320u.

② 郭克莎．化解三重压力 稳中求进实现高质量发展［EB/OL］．中国共产党新闻网，2022 - 4，http：//theory. people. com. cn/n1/2022/0412/c40531 - 32396683. html.

系、构建高水平社会主义市场经济体制提供路径选择、指导依据以及政策支撑。

三、本书可能的创新之处

基于现实的观察与相关理论研究，笔者认为在新发展格局下专业市场的高质量发展是一类与报酬递增具有内在关联的组织制度与分工机制，专业市场的高质量发展具有市场主体创新性、发展的可持久性，且与电子商务、产业集群、全球价值链深度融合。整体而言，本书的研究内容进一步丰富了强大国内市场形成的理论体系，助力实现我国区域经济高质量发展及新发展格局形成，为新发展格局下强大国内市场的形成与高质量发展提供新的路径选择、理论依据、方法指导和政策支持工具。具体来看，本书的主要创新之处及学术价值表现在以下方面：

第一，基于我国专业市场发展所面临的现实困境，从破坏性创新视角探究专业市场转型的路径与机制。经济发展对传统专业市场的制度需求处于不断减弱态势，一方面，传统专业市场作为一种提供共享销售渠道和配套服务的公共平台，在市场范围不断扩大之后正在受到大型连锁超市、电子商务等新型业态的冲击，不断被企业创牌、自建营销网络等行为所"蚕食"。另一方面，专业市场正面临支撑产业升级缓慢、"核心产品"缺乏客户引力、维持性创新存在瓶颈等问题，有些专业市场因其支撑产业结构的失衡或衰落而难以为继甚至"消亡"。在此背景下，破坏性创新成为专业市场突破发展困境进而实现转型的有效选择，本书的第三章对专业市场开展破坏性创新的机制与路径进行了探讨。

第二，高质量发展是一类与报酬递增相联系的总括性制度与机制（高培勇等，2020），报酬递增（效益增长速度明显快于产出增长速度）新局面是高质量发展的直接表现（王小广，2019），新发展格局是高质量发展的重要条件（权衡，2020）。尽管以报酬递减为假设前提的新古典经济理论在解释当今经济的演变方面已显得捉襟见肘，然而，报酬递增却被作为一种特殊现象在很长一段时间内没有被纳入主流经济学的体系之中（石涛和陶爱萍，

2007），伴随新增长理论、新兴古典经济学等理论的兴起，报酬递增思想才重新回到主流经济学的视野中。从专业市场得以跨越历史"陷阱"而实现长期发展的动力源——报酬递增视角出发，对新发展格局背景下专业市场的拓展机制进行系统的深入研究，不仅为专业市场的转型发展提供了一个新的理论研究框架，也进一步丰富了强大国内市场理论体系的内涵特征。本书的第四章基于理论与实证的分析，尝试性地从微观层面探讨了专业市场报酬递增机制和根源的内在机理。本书的第五章进一步基于 Becker – Murphy 模型，从报酬递增视角构建了专业市场及其协同产业集群生产分工网络的劳动分工模型，探究专业市场由本地分工网络拓展至国际市场分工的报酬递增生发机制，为专业市场在新发展格局下的全球价值链嵌入提供理论依据和政策建议。

第三，基于演化博弈视角探讨电子商务诱致下新型专业市场的生发机制及路径，以期对我国基于电子商务的新型专业市场的形成与发展提供一定的理论解释。近年来，伴随现代物流与信息技术的快速发展，"义乌购"、"网上轻纺城"、浙江塑料城网上交易市场、金蚕网、Chinagoods 平台等一批网上专业市场不断诞生，基于电子商务的新型专业市场发展趋势凸显。但是这一新型商贸流通体系尚处在起步阶段，网上市场与实体市场相比还有很大差距，还存在许多系统性与体制性问题需要厘清。专业市场与电子商务的融合发展存在于一个动态的、"混沌化"的社会化大流通经济系统中，因此，有必要采用更贴近现实（亦即动态的、非线性）的方法加以探究。如果说哈耶克（Hayek，1973）的扩展秩序思想以及熊彼特（Schumpeter，1942）的创新理论并没有触动新古典将制度视为既定分析框架的机械分析模式，那么以交易费用和产权理论为基本分析工具的新制度经济学则真正跳出了新古典"理性的人""均衡世界"静态分析的框架。其中，演化博弈论作为新制度经济学的一个全新的研究思路和方法，开拓并深化了更注重于研究现实经济的方法，日益成为具有重要影响的分析范式（马旭东，2010）。有鉴于此，本书第六章试图从演化博弈视角，探讨电子商务诱致下新型专业市场的生发机制及路径，为我国基于电子商务的新型专业市场的形成与发展提供理论依据与政策建议。

第四，采用比较制度分析与主观博弈理论解释专业市场与电子商务相互融合所诱致的制度变迁过程，揭示电子商务诱致下专业市场多元体制有机互动与阶段性演化的内在机理。同时，构建了一种制度分析的概念性框架——主观博弈模型，以解释传统专业市场向基于电子商务的新型专业市场演进过程中的制度生成以及制度演化的内生性问题。技术的存在与产生是同社会发展相适应的，一旦它与由过去实践累积的思考方式相矛盾，将不可避免地导致制度变革的需要（凡勃伦，1964）。专业市场是一个复杂的经济生态系统，电子商务是信息化条件下贸易活动的基本形态，二者的融合发展正在引发前者在制度安排和组织结构等方面的创新与变革。现有的研究成果往往集中于专业市场与电子商务联动发展的创新型商业模式领域以及二者融合的技术层面，而倾向于将其中的制度变迁抽象掉或将其视作外生的，因而在一定程度上忽视了以专业市场为中心的共享式网络与信息机制，在电子商务技术发展及其所带来的潜在利润的诱致下所引发专业市场诸多游戏规则的改变，即忽略这个过程的本身也是一种资源配置的变动。有鉴于此，本书第七章拟从比较经济制度角度，结合西方经济学相关理论的最新成果，对专业市场与电子商务融合所引发的制度变迁作一探讨。然而，若要运用博弈论更深层次、全面地对制度进行分析，就需要将制度的内生演化问题归在其理论分析框架之中。本书第八章基于比较制度分析框架的构建，进一步通过运用主观博弈理论，解释传统专业市场向基于电子商务的新型专业市场演进过程中的制度生成以及制度演化的内生性问题。

第三节　本书的结构安排及重要观点

在新发展格局背景下，本书主要从市场创新、市场网络拓展、"专业市场＋电子商务"融合及其制度演进等几个层面来阐释专业市场实现转型升级的机理机制，进而为其在新发展格局背景下的高质量发展提供路径选择、理论依据、方法指导和政策支持工具。本书共分为三大部分，八个章节。

本书的第一部分为导论、文献综述以及理论基础。本部分共两个章节，

第一章为导论，介绍了本书的研究背景、研究问题的提出及研究价值等。第二章为文献综述和理论基础，文献综述主要从有关传统专业市场的理论与实证研究以及基于电子商务的新型专业市场相关研究两个层面进行梳理总结。理论基础部分重点论述了报酬递增思想与比较制度分析理论，这两大理论是本书理论创新的重要支撑。

本书的第二部分为专业市场创新与网络拓展研究。第三章从破坏性创新视角探讨了专业市场发展面临的挑战、转型路径与机制，研究认为：专业市场应通过破坏性创新来重塑需求，通过形成新的价值网络，带动以专业市场为核心的集群网络转型升级，同时营造有利的政策环境促进专业市场破坏性创新的开展。

第四章基于理论与实证的分析，尝试性地从微观层次探讨了专业市场报酬递增机制和根源的内在机理，指出知识积累（包括初级创新、次级创新）是专业市场报酬递增机制产生的根源，相应地，以分工协作网络为基础的社会资本是知识积累自强化机制的渠道和"孵化器"。建立基于新熊彼特理论的知识型与创新型的经济形态，是新型专业市场未来发展的关键和提高适应能力的必然选择。

专业市场是其协同发展的地方性产业集群在全球价值链攀升中的第三驱动力，本书的第五章从专业市场得以实现长期发展的动力源——报酬递增视角出发，基于 Becker – Murphy 模型构建了专业市场生产分工网络的劳动分工模型，探究专业市场由本地分工网络拓展至国际市场分工的报酬递增生发机制。从专业市场及其生产分工体系的演进机制看，知识积累、专业化分工及协调成本之间的相互作用决定了其分工网络长期的最优增长。应从企业、市场、政府及产业层面，推动以专业市场为核心的集群式生产分工网络的知识共享、交流和创新，充分利用其全球价值链嵌入过程中的跨网络学习效应，以获得创新性知识、先进技术及高端客户等稀缺要素。与此同时，通过规范化的制度安排和市场体制机制创新来实现协调成本的降低，是提高以专业市场为核心的生产分工网络在全球价值链中嵌入地位的重要因素。

目前专业市场的发展在功能发挥上存在两大挑战：一是市场中大量涌现的新型流通业态，如大型连锁超市、卖场等，其经营模式对原有的分级代理模式产生冲击，造成分销商的减少，进而使专业市场的客户大量流失。二是迅速发展的电子商务。随着物流、信息、网络等现代技术的快速发展，部分外销型商户逐渐使用阿里巴巴、环球资源、中国制造网等渠道进行 B2B（Business – to – Business）业务，对原有专业市场的租金形成冲击。传统思维已不能完全满足整体市场的运作，传统专业市场的经营理念、功能和性质正在悄然变化。近年来，我国部分大型专业市场开始出现依托有形市场，借助电子商务构建无形市场，无形市场与有形市场相互融合的新态势，正在形成具有"1 + 1 > 2"效应的新型专业市场。

本书的第三部分为专业市场" + 电子商务"及其制度演进研究。第六章在阐述基于电子商务的新型专业市场的内涵及其主要特征的基础上，从演化博弈的逻辑视角，探讨了电子商务诱致下我国新型专业市场的生发机制及路径，构建了新型专业市场形成的演化博弈模型，得出传统专业市场向基于电子商务的新型专业市场变迁的演化均衡策略（Evolutionarily Stable Strategy，ESS）。研究发现：新型专业市场生发的过程是市场各单位主体在变异机制、选择机制、学习机制以及自组织与他组织机制的共同作用下适应性演进的过程，是一个多元体制、多层级有机互动并具有明显阶段性特征的动态演化博弈过程。在这一过程中，追求预期报酬（效用）最大化的市场主体在其特定的环境下，与其他博弈参与者通过非线性交互作用或策略互动，逐步形成多元体制的互补性进化并最终实现多方利益的演化均衡策略。

第七章运用比较制度分析理论与方法，探讨了专业市场与电子商务相互融合所诱致的制度变迁过程，揭示了电子商务诱致下专业市场多元体制有机互动与阶段性演化的内在机理。研究结果显示：专业市场与电子商务相互融合所诱致的制度变迁过程，是基于市场内部各要素相互作用及其与外界环境非线性交互作用的动态适应性调整过程。新型专业市场制度的形成需要顶层制度设计与市场主体的有效结合，同时需要考虑不同阶段各经济主体对于制度安排边际效应重组过程中的利益均衡及其约束条件。

第八章运用比较制度分析的理论与方法，构建了一种制度分析的概念性框架，以解释传统专业市场向基于电子商务的新型专业市场演进过程中的制度生成以及制度演化的内生性问题。研究发现：当"新型专业市场"这一制度安排意会的或符号的信息浓缩所引发参与者的信念系统彼此趋同时，基于电子商务的新型专业市场就会最终达成为稳定的均衡策略。专业市场融合发展电子商务的制度体系要演变为新型专业市场这一更高层次的均衡形态，必须要充分考虑新型专业市场在形成过程中不同阶段制度创新的约束条件，充分发挥其演化的自组织性，以诱致专业市场生态系统中更多新功能和结构的产生，在此基础上因地制宜地构建价值共创型的现代商贸体系。

文献综述与理论基础

第一节　有关传统专业市场的理论与实证研究

一、国外研究综述

（一）"专业市场消亡论"的提出

市场与市场规模、交易效率、专业化交易组织等一直是西方经济学和管理学的重要研究领域。无论是斯密（Smith，1776）、施蒂格勒（Stigler，1989）所提出的"分工受市场范围限制"的斯密定理，还是杨格（Young，1928）所提出"分工与市场互动"的杨格定理，都揭示了分工与市场之间天然的密不可分的关系。杨小凯（1998）认为，劳动分工有三种类型：一是基于比较利益的劳动分工；二是基于规模经济的劳动分工；三是基于专业化经济的劳动分工。以上三种分工好处的获得，都与市场的存在密不可分。历史学家布罗代尔（Braudel，1975）不仅揭示了集市贸易的早期形态及其在"互通有无"的经济生活中的作用，而且预言了集市贸易规模扩大和专业化程度增强的趋势。在西方国家发展史中，专业市场作为集市贸易的一种形态，曾在其前工业时期①和工业化早期为经济的增长发挥了不可替代的作用（Bromley，1971）。从经济学史看，专业市场之所以能够引起众多国外学者的关注，其原因主要在于市场和市场范围、交易成本、专业化和分工等理论历来都是西方学术界探索的重要领域。布罗代尔（1975）最早分析了集市贸易的原始形态及其在"互通有无"的社会状况中所发挥的功能，并提出集贸市场规模拓展与专业化程度加深的趋向关系。法国经济学家保尔·芒图（Paul Mantoux）在《十八世纪产业革命》中指出专业市场的布局相对较为集中，散落在村庄附近，市场经营者和客户多为城市呢绒商和乡村居民兼家庭工业制度的小制造商，形成了"三位一体"（专业市场、中间供销者和家庭工业）的结构（保罗·克鲁格曼，2002）。

随着社会发展，尤其是消费结构的改变对于定制化的需求程度加大，专业市场所带动的产业升级却反过来促使企业的创牌与自建销售网络等行为不断对专业市场进行"蚕食"，批发市场集中度也会随着虚拟运营商的增加而减少（Garrido and Whalley，2013）。一些欧美学者（Pine Ⅱ，1992；Britnell and Campbell，1994；布罗代尔，1996）基于现实的观察有力地论证和支持了"专业市场消亡论"这一在西方盛行的观点。派恩二世（Pine Ⅱ，1992）在研究生产模式向大规模定制转变的原因时指出：他们发现不能再期望客户对庞大单一市场感兴趣。日本学者青柳秀世（1998）指出，日本专业市场的发展趋势与欧美发达国家的专业市场相类似。事实上，目前专业市场在西方发达国家的经济中，已普遍被不断涌现的超市、专业性展会、大型商业中心等各类新型商贸组织形态和商业业态所替代，只存有少量的市场用以批发经营日用消费品以及农副产品等。因此，国外学者倾向于对一些特定行业的专业市场进行研究，主要集中在农产品批发市场和能源市场领域，如电力批发市场（Emma，2019；Poletti，2021；Bowei Guo and Giorgio，2021；等等）、天然气市场（Mihaela，2016）等的研究。例如，有学者（Loverta，2008）依

---

① 关于前工业时期，中外学者一般可以追溯到工业革命前的两个世纪，包括16世纪、17世纪及18世纪早期。艾伦·埃弗里特曾指出，在16世纪和17世纪，英国出现了大量的专业市场，如谷物市场、麦芽市场、水果和蛇麻草市场、牛市、马市、羊市、猪市、奶酪和黄油市场、家禽和野禽市场、羊毛和纱线市场、呢绒市场、亚麻和大麻市场以及皮革和皮革制品市场（张卫良，2004）。

据国外发展经验，提出批发市场是以易腐农产品、食品及其他类似产品为主要交易对象的特殊市场机构。也有学者（Nedeljko，Miljana，2019）认为批发市场是从事农产品贸易的专业市场机构，主要是水果和蔬菜，但也包括农工业综合体的其他产品。艾玛（Emma，2019）研究了美国电力批发市场运营商（区域传输组织"RTOs"和独立系统运营商"ISO"）已采用或考虑采用的市场化机制，以增加运营灵活性。Dolmatova 和 Sasim（2022）全面评估了俄罗斯电力批发市场的竞争现状，从进入和退出壁垒、政府对市场的影响程度以及消费者参与程度方面进行了分析。Andrew et al.（2020）综合现有文献和数据，分析了可变可再生能源（Variable Renewable Energy，VRE）的增长对美国大容量电力系统资产、定价和成本的影响程度，以及未来可能产生的影响程度。通过对历史数据的分析，发现 VRE 已经通过时间和地理模式的变化影响了大容量电力市场。大多数对未来情景的研究表明，VRE 降低了热能发电机的批发能源价格和容量系数。

（二）专业市场的经济功能与发展研究

除了批发市场外，许多批发、制造或进口企业既没有经济机会，也没有空间机会进行贸易，因此从多功能和公共重要性的意义上说，批发市场既代表市场机构，也代表社会机构。批发市场的多功能性表现为市场主体和社会经济主体的双重作用，它的社会性、公共性为其公共利益对象的界定提供了契机（Nedeljko，Miljana，2019）。批发市场被认为是水果和蔬菜及其他农产品的最佳贸易场所，也是在现代冷却系统中储存、包装、维护、销售和运输等一系列设施的总和。批发市场贸易是国家、区域和城市在满足出租人、买方、消费者和城市利益方面增加其份额的明确指标，城市将随着批发市场的建设接纳具有广泛经济效应，并且和其他机构具有共同利益的现代基础设施中心（Kuzman et al.，2017）。尽管批发市场的特点和作用在 21 世纪初发生了很大的变化，但国外相关研究表明，作为连接货物生产和流通的纽带，批发商与批发贸易在经济活动中发挥着重要作用（Crozet et al.，2013；Tadashi et al.，2021），满足了提高商品生产和消费质量（Rakhman and Prus，2020）以及实现经济大生产、大市场、大流通的需要（Fingleton，1997；

Bert，2007）。在发达国家，虽然批发市场在多变的市场环境中主要作为农产品贸易中生产和消费的重要纽带谋求生存和功能，但新的经济条件除了赋予批发市场为大城市和地区提供水果和蔬菜的作用，同时也需要批发市场提供其他产品（Kuzman et al.，2017）。也就是说，批发市场具有向大城市和地区提供农产品和其他农工业产品的基本功能。从组织的角度观察专业市场，它们大多以非标准化或部分标准化的交易流程进行交易。除了贸易之外，现代批发市场的多功能性表现在，它们可以对大量的国内产品（水果和蔬菜）和进口产品（热带水果等）进行提取、分类、储存和冷却。批发市场的经济效率和多功能性源于这些市场的可能性，它以低廉的价格和高效的供应创造了有效贸易的先决条件。批发市场的市场效率源于批发市场在农业和农工业产品贸易中的时间和空间意义，以及整个农工业综合体的经济效率。在发达国家，除了实现基本功能外，批发市场还成为拥有物理和化学质量检查实验室的地方。世界上最先进的发达工业批发市场，都有自己的实验室来检查产品的物理和化学质量。在这种情况下，批发市场能够发挥控制产品来源、质量、数量、包装、运输等的功能和作用，这些是其在竞争中所具有的重要优势。因此，在新世纪市场条件下，发达国家得出一个关于批发和零售市场相连接的国家战略，该战略能够扩大和统一供应，优化国内生产，目的是发展整个农业产业综合体（Nedeljko and Miljana，2019）。

由此可以看出，批发市场在当今世界不少国家仍旧发挥着难以替代的重要作用。为了帮助中欧和东欧新成立的批发市场，中欧倡议批发市场基金会于1999年在波兰成立，并得到欧洲复兴开发银行、中欧倡议批发市场基金会、粮农组织和联合国儿童基金会等欧洲和世界各大组织的帮助。该基金会旨在：改善和发展其成员，以更好地提供客户服务和增加盈利能力；确保更好地为物流提供帮助和满足大型零售商的需求；在成员之间，以及在特定的技术领域与外部各方改进经验和信息交流（Lovreta，2008）。俄罗斯批发市场联盟控制着商品在国内的销售和分销，以及商品从出口到最终点的销售和分销，包括到达主要分销中心（批发市场）、港口和其他贸易中心的商品的安全和质量。批发贸易在乌克兰经济发展的现阶段也发挥着重要作用，它可以为市场条件下货物的流动过程提供必要的协调，通过分销渠道组织和系统化的商品流动,提高商品的生产与消费质量,充当商品生产和流通之间的纽带。批发贸易甚至被视为帮助发展所有经济部门的工具(Rakhman and Prus,2020)。

(三)专业市场的运营与管理研究

现有的产品组合管理方法更多地面向零售公司和品牌所有者(供应商),但批发业务有自己的特点。Александровна 与 Цепкова Мария(2018)认为俄罗斯批发公司的产品组合管理,包括以下各级决策中严格的权责分离层级:公司、业务、职能、运营,并由 5 个主要阶段过程组成:产品组合分析(根据市场情况)、做出更改、将新产品组合推向市场、监测和评估结果。批发公司的产品组合应与公司的战略相协调,包括实现计划的财务指标,与公司的物流能力相匹配,满足专业和最终消费者的要求。Kuzman 和 Prdić(2018)提出批发市场有效管理的重要要素以及批发市场营销管理的主要原则,批发市场有效管理的最重要要素是:

(1)适当的资本控制;

(2)必要的权力和授权;

(3)与市场用户达成有效协议;

(4)遵守市场规则、合同和协议;

(5)经济可持续性;

(6)与批发市场用户、服务提供商、政府机构和其他市场建立高效关系;

(7)营运及管理成效;

(8)高效的决策结构;

(9)训练有素、纪律严明的员工;

(10)对批发市场的信任——批发商的诚信;

(11)政治和财政。

批发市场营销管理的主要原则基于以下标准:(1)市场财务的可持续性和信任,以及接受批发商、农业生产者、零售商和其他买家和用户制定的费用、税收和规则。(2)运营效率,包括:产品交付、装卸的财务处理;有效的租赁合同及被广泛接受和执行的市场规则和规章制度,在市场、内陆交通、存储和产品暴露方面的纪律；交通管制和停车；个人安全；产品的安全性；清洁卫生；提供高效的服务，如装卸服务、产品移动服务、电话、传真、电子邮件服务、内部通信、存储和冷库服务。（3）舒适安全的贸易和工作环境，这种环境应该有厕所、食品饮料和其他服务，如银行、会计、供应商入口（例如为农业生产者包装材料、种子和肥料）、停车、食品和运输人员住宿。（4）批发市场应符合一般市场及社会需要，提供下列货品：定期供应指定质量和数量的水果、蔬菜和其他食品；通过贸易商之间的自由竞争实现价格透明度；遵守标准和价格；符合市场或消费者需求的包装。（5）批发市场管理应当与市场使用者，包括批发商、其他市场经营者、农业生产者、买卖双方以及其他服务提供者建立良好的关系。

为了建立现代批发市场和优化竞争，学者（Nedeljko and Miljana，2019）建议有必要：

（1）采用国家战略或农业产业贸易来发展批发市场；

（2）此类基础设施和有组织的场所应成为水果和蔬菜最重要的供求场所；

（3）协调贸易战略，使批发市场和零售贸易建立直接联系，以加强市场与折扣中心和专业超市的关系；

（4）运用所有相关的市场竞争方法，以便通过产品的低价获得最大的经济效益；

（5）要求批发市场尊重市场原则做生意，但也保护小制造商和销售人员；

（6）强调广泛的经济效益和社会态度，为城市发展和农业产业潜力创造条件；

（7）根据世界现代批发市场的模式，必须解决高效率的管理，以实现批发市场的经济效率和市场功能。

（四）国外学者对中国专业市场的研究

以义乌小商品市场等为代表的第一代传统专业市场发展至今，仍不断扩展并日益凸显出现代"商圈"的特征与功能，这不仅对西方主流经济学的逻辑造成疑惑，而且使"专业市场消亡论"面临诸多"不合理性"。中国专业市场的表现引起了国外学者的广泛关注，如澳大利亚悉尼大学、英国卡迪夫大学、美国芝加哥大学等学校和相关科研机构特意制定了与专业市场相关的课题以及博士的培养方向，以此为基点来探索中国改革开放以来经济发展所取得的巨大"奇迹"。随着我国专业市场在世界影响力的不断提升，我国专业市场的演变和发展日益成为国外学者观察和探究中国经济发展的重要平台。2005 年，在联合国与世界银行、摩根士丹利公司等世界权威机构联合发布的《震惊世界的中国数字》报告中，义乌市场被称为"全球最大的小商品批发市场"①。威廉·伯德（1989）等学者以专业市场与农村工业的互动为重点，对中国农村工业的动因、结构以及不同的区域发展模式进行了比较研究。Britnell 和 Campbell（2001）、Braudel（2003）认为，发生在中国东部沿海的专业市场快速发展现象，是中国市场化改革的重要成果，专业市场在中国工业化、市场化以及社会结构转型过程中具有重要地位，推动了中国的农村工业化和民营经济发展，不断地提高了东部地区居民的生活水平和消费层次。

二、国内研究综述

专业市场在某种程度上是我国工业化进程中一条重要的制度创新路径（张仁寿，1996；金祥荣，1996；郑勇军，1998；陆立军、白小虎、王祖强，2003；等等）。因此，专业市场一直是国内学者比较关注的领域，对其研究大致分为以下八个方面。

（一）专业市场的早期研究：形成与发展

专业市场是由最初的集贸市场伴随着商品经济的发展而形成，关于专业市场发展原因的研究多集中在较早时期。国内学者对专业市场的研究在 20 世纪 80 年代初开始起步并逐步深化，其历史背景是农村推行家庭联产承包制、农村工业化、乡镇企业和民营经济的发展，以及专业市场在工业化和市

---

① 走在前列的义乌［N］. 浙江日报，2006 – 10 – 21（0008），http：//zjrb. zjol. com. cn/html/2006 – 10/21/content_190124. htm.

场取向的经济改革中的先导地位。陆立军（1990）等学者以专业市场与农村工业的互动为重点，对中国农村工业的动因、结构以及不同的区域发展模式进行了比较研究。张仁寿等（1990）从专业市场与小城镇互为依托的角度，研究了温州模式的形成演变过程。张仁寿、史晋川、陆立军、陈理元、金祥荣、罗卫东、盛世豪等（1996）对专业市场兴起的动因、功能、发展前景以及对浙江经济的影响等方面进行了深入的总结与思考。金祥荣和柯荣住（1997）从交易成本的角度解释专业市场产生的经济原因，认为专业市场是一种有利于那些规模经济不显著的中小企业的制度安排，通过交易的外部化来节约交易成本。李骏阳（1997）通过分析义乌批发商业面临的挑战与机遇，探讨了商品批发市场的发展趋势，认为我国的工业品批发市场存在的关键在于是否能与未来的生产、流通体制相适应，始终以相对较低的交易费用实现交易。郑勇军（1998）认为，专业市场是一种只需支付较低的费用就可共享的规模巨大的销售网络，是一种具有明显体制落差优势的安全、宽松和低交易成本的"市场特区"。徐明华（1999）运用过渡经济学理论与方法，论述了专业市场对温州模式形成和发展的阶段性影响和作用。

罗卫东（1999）从诱致性制度变迁的角度分析了专业市场的起源，认为沿海地区以轻纺工业为先导的农村工业化模式以及数量众多的地方型产业群对专业市场有着强烈的制度需求。张军（2002）从转轨时期资本形成与经济增长的角度，指出专业市场的兴起有助于打破乡镇企业在流通领域对国有商业的依赖，通过新的分工和合作契约建立自己的比较优势。包伟民和王一胜（2002）从经济史角度研究专业市场的历史渊源，认为专业市场是江南地区历史上市镇经济在特定时代背景下的延续和复兴，市场是在社会分工和专业化生产推动下兴起的，它反过来又促进了经济增长。金祥荣和朱希伟（2002）从历史和理论的视角考察了专业化产业区的起源与演化过程，为专业市场演化研究奠定了基础。史晋川（2005）运用新兴古典经济学研究专业市场的兴起，指出专业市场作为一种共享式交易网络，规模经济与范围经济的获得对其成长极为重要。区域间制度安排的差异使得一些区域的经济主体在一定阶段获取高额的"制度租"成为可能，专业市场正是凭借"制度落差"才得以发展壮大。多数学者（金明路，1997；朱国凡，2000；池仁勇，2003；程利仲，2003）认为专业市场很大程度上是符合古典市场经济要求的，产业集中度低、需求旺盛、消费层次低、劳动力过剩这几个方面构成专业市场存在的基本外界条件。

（二）对专业市场"消亡"的争论与回应

20世纪90年代中期以来，专业市场已成为许多地区建立在专业化交易网络基础上的一大商贸流通产业。政府部门和学术界对专业市场的发展前景十分关心，引发了一场关于"专业市场是否消亡"的讨论和争论。有学者认为，专业市场的发展是在于企业规模太小，无法建立自己专有的销售渠道，因而只能通过这一公共平台来降低单位产品销售成本。随着竞争带来的优胜劣汰，市场上存活的生产者实力逐渐增强，将逐步脱离专业市场这一交易场所，通过不断拓展和巩固自身的销售网络，对原有专业市场不断加以"蚕食"，从而导致专业市场最终走向消亡。针对学术界有关"专业市场消亡论"的理论争议，陆立军、王祖强、白小虎等（2003，2006，2007，2008）认为，"专业市场消亡论"建立在报酬不变的基础上，没有看到市场规模扩大后所形成的内生报酬递增机制，以及由此所产生的投资协同与跨区域分工协作网络效应。在现实层面，陆立军等以世界最大的小商品专业批发市场——义乌小商品市场作为长期跟踪、观察、研究的基地，揭示了义乌小商品市场不但没有消亡，反而呈现日益蓬勃发展之态势，以及"义乌商圈"演进的客观现实与内在机理。

陆立军和杨海军（2007）通过运用一个拓展的新兴古典经济学分工模型，结合空间经济学的基础——乘数模型，研究认为：义乌"中国小商品城"市场作为我国起步较早的大型专业批发市场，它之所以不仅能够跨越"消亡"的历史陷阱，还仍然不断发展壮大，这很大程度上是由于在市场拓展（包括参与者数量增加和信息容量的扩大）后，从三个方面改进了分工后交易的可靠性：首先，市场协同网络参与者的数量增多，促使分工网络形成投资协同效应；其次，平均获得一个商务关系的费用率下降；最后，现有每次交易的保持费用率降低，进而使得经济理性最大化决策的微观主体能够得到专业化（规模）经济的机会。伴随专业市场的扩大与发展，区域经济实现报酬递增的同时并"向外聚爆"，从而促使以市场为核心的多区域同时投资，在投资协同效应（金融外部性）的作用下，以市场为网络中心的区域内生报酬递增机制形成，最终构建了完整的市场核心型区际分工协作网络——"义乌商圈"。此外，面对专业市场前途和命运的理论争议，学术界利用主流经济学理论与方法重点关注专业市场历史变迁过程，试图用制度变迁框架论证专业市场发展前景的理论研究动态。例如，刘天祥（2007）利用交易费用理论分析了中国专业市场发展的历史变迁过程。王赛娟（2007）利用专业化分工及交易费用理论和方法分析了浙江省专业市场的形成与变迁过程。陆立军和王祖强所著《专业市场：地方型市场的演进》（上海人民出版社 2008 年版）一书从改革开放 30 年的历史视野研究了我国地方型专业市场体系的制度变迁过程及未来发展趋势，此书的英译本 *China's Spercialized Markets* 由美国圣智学习出版公司（Cengage Learning）于 2009 年出版，并在法兰克福书展发行。

（三）专业市场的转型发展研究

专业市场的制度转型较早引起了一些学者的关注，张曙光（2004）从产权制度安排，史晋川（2005）从区域间制度安排，陆立军和郑小碧（2012）从个体群动态演化等不同角度，对专业市场发展过程中的制度变迁进行了探究。随着我国经济发展向成熟阶段过渡，再加之受到大型连锁超市、电子商务等新型业态的冲击，我国不少大型专业市场虽在贸易总量上依然呈增长趋势，但经营的难度却日益凸显。整体来看，我国专业市场正呈现出分化、重组整合与转型提升的发展态势（陆立军，2012）。在此背景下，专业市场的转型升级问题成为政府、企业、研究机构等关注的重点课题。陆瑶和徐立新（2011）提出通过创建品牌、王东辉（2012）提出通过发展会展经济来提升专业市场。杨志文（2013）从多业态联动视角分析了专业市场的发展趋势和路径选择，并对专业市场的转型升级给出了政策建议等。嵌入个体品牌是专业市场转型升级的途径之一，但由于专业市场的组织结构形式难以满足品牌产品流通的条件而难以实现。王超贤（2015）对这一问题进行了研究，提出专业市场向电子商务转型是一条与其交易组织结构比较适合的方向。

周京（2016）探讨了义乌市场从传统专业市场到现代新型专业市场的嬗变，认为浙江义乌"中国小商品城"市场为我国市场化改革提供成功经验，为全国地区经济发展与专业市场转型升级提供成功范例。张晓东（2018）对专业市场流通体系的组织结构、发展现状及演变趋势进行研究，认为当前的专业市场无法有效实现供给质量提升、信息整合等更多增值服务，因而在某种程度上不能很好地适应现代化流通体系发展需要，为此，他提出了专业市场流通体系优化发展的路径。赵家恒（2017）以杭州四季青服装市场为例，探讨了在城市化过程中大城市传统专业市场有机更新的行动逻辑与规划路径，分析了传统专业市场向商场以及市场型城市综合体转型升级的规划引导策略。储文霞等（2018）在国家供给侧结构性改革背景下，探究了茶叶专业市场的转型与升级。鲁晓玮和盛亚（2018）研究认为，在市场经济发展进程中，专业市场逐步向服务业集群发展是竞争与合作并存的演化过程，微观个体与宏观系统之间的相互合作与共同发展促使专业市场向服务业聚集平台转变、成长及发展。为了有效改善环境、营造良好的营商氛围以及推进城市现代化建设，杨清谦（2018）以广州市沙河服装专业批发市场为例，通过构建"政府—专家—社会组织"共同治理的解释框架，探究了合作治理理论视角下的专业市场治理问题。杨志文（2022）采用 fsQCA 方法，通过对 74 个案例的模糊集定性比较分析，提出内驱力主导型、内外合力型、外驱力主导型三个方面的国际化拓展路径，可为不同地区、不同类型的专业市场国际化提供参考。

（四）专业市场与经济发展的关系研究

专业市场长期发展所形成的区域分工协作网络涉及生产、交易、物流等产业链中的各个环节，因此，专业市场对于区域经济的发展在一定程度上发挥着主导作用（陆立军和王祖强，2008）。并且，我国在专业市场发展带动下赢得了区域经济的协调发展，也为社会主义和谐社会建设发挥了重大贡献（王爱群和赵东，2021）。李守伟和何建敏（2011）通过运用江苏省 1990 ~

2008 年的数据，对专业市场与经济转型之间的关联进行了计量分析，实证研究发现专业市场发展与经济体制转型、经济结构转型具有单向的格兰杰（Granger）意义上的因果关系，专业市场发展是经济体制转型、经济结构转型的因。同时，研究结果也表明专业市场发展与经济体制转型、经济结构转型之间具有稳定的长期均衡关系，存在长期稳定和短期波动的特性。因此，专业市场在某种程度上主导着江苏省区域经济发展，它的发展能够给经济转型带来正面冲击效应，应采取一定的支持政策以推动专业市场在经济转型升级中发挥作用。周倩（2013）基于国家和省级层面的地区生产总值与专业市场成交额的相关性分析，深刻揭示了专业市场与经济增长之间的相关关系，认为无论是在国家层面还是省域层面，专业市场与地区生产总值之间均具有较强的相关关系，专业市场交易额与地区生产总值的发展趋势和轨迹大致相同。任光辉（2016）通过理论和典型案例的分析构建了一个基础分析框架，阐释了专业市场发挥决定性作用推动区域经济发展的机理机制，认为专业市场主导的区域经济具有持久性。刘雨倩和许娇（2022）对叠石桥家纺专业市场与海门区经济的发展关系进行实证研究，通过论证得出专业市场成交额与区域生产总值之间有着长期的均衡关系，专业市场的发展对区域经济增长具有持续的推动作用。

（五）专业市场与国际贸易发展研究

查日升（2015）认为专业市场作为联结生产者供给体系与消费者需求体系间难以替代的市场流通平台，同样被视为全球价值链的支持产业。专业市场能够凭借与关联产业之间的信息交流与技术交换，有效提升主导产业的创新能力和创新速率。因此，中国要大力支持地方产业集群专业化市场的发展，积极打造全球综合市场，以创建中国商品通往世界的市场销售渠道，使我国众多中小企业能够摆脱国际大买家的控制。朱圆圆（2017）通过采用新兴古典贸易理论构建了专业市场促进区际经济合作的超边际分析模型，并以浙江义乌"中国小商品城"为例，探究了专业市场促进区际经济合作的机理，研究发现专业化水平的进步会有效推动区际贸易活动中交易效率的提高，从而促使越来越多的经济主体参与到专业市场集群所在区域和区际分工网络之中。通过"义乌商圈"的区域分工协作网络，国内范围的区际经济合作能够广泛展开，最终实现"由最初的义乌市场与义乌周边地区的区际经济合作到义乌市场与国内其他地区的区际经济合作，再到义乌市场国际化的拓展"。武雅斌和王思语（2018）提出义乌"中国小商品城"市场作为我国首批对专业市场的建设与探索试点，在国家推动进口战略发展趋势中不断推动进出口平衡发展，成为进口贸易典范，正奋力打造为全国进口贸易发展的"桥头堡"。黎峰（2021）认为专业市场作为"国内生产配套"与"国外市场消费"的衔接平台，凭借其市场信号以及订单采购需求的倒逼机制，会促使专业市场商品结构及其供应链效率的提升。因此，为了打造专业市场成为衔接国内外双向开放的高质量枢纽和平台，要紧紧依托区域经济基础及产业特色，做大做强一批产品高度细分、产业配套完备、市场份额较高的特色市场。与此同时，以产业集群为依托，整合上下游产业链、价值链、供应链资源，畅通国内循环。通过跨境电子商务、市场采购贸易等新型流通方式，大力推动专业市场向世界市场延伸，不断为国际分工网络提供物美价廉、高质量的中间产品和最终品。

（六）专业市场与城市化的关系研究

张璐璐和夏南凯（2009）、王盛（2010）分别以义乌市场为例探究了市场变迁对于城市空间的影响，李芬芬（2013）对浙江省专业市场所带动的城镇化加以研究。彭继增等（2014）综合运用向量自回归模型，采用1983～2012年数据对产业转移、专业市场与特色城镇化互动进行实证研究，验证了专业市场的发展对产业转移和特色城镇化的显著作用。谢守红等（2017）通过采用实地调研、理论分析和计量分析的方法，对义乌专业市场与城镇化的互动关系进行研究，研究认为专业市场成交额和城镇化率之间有着正向的协整关系。谢守红等（2018）研究认为专业市场是浙中城市群最为鲜明的经济现象，其研究结果显示专业市场对浙中城市群的发展演变发挥着推动作用。王平等（2019）则对专业市场经营户的市民化意愿及影响因素进行了探讨，结果表明：在个人和家庭特征方面，文化程度越高、居住年限越长，在有家人陪伴的情况下，其市民化意愿越高。在经济收入方面，较高的收入水平、已经购买住房对市民化意愿有着明显的提升作用。在制度政策方面，子女义务教育资格、住房公积金、城镇基本养老保险和医疗保险对专业市场经营户市民化意愿具有显著正向影响，其中尤以住房公积金的影响更为显著。此外，自20世纪90年代初期，专业市场下的混合功能聚落发展是义乌等浙江特色型商贸城镇兴盛的基础，朱晓青（2015）基于浙江"义乌模式"的商住共同体的实证，对专业市场型混合功能聚落的形态演进以及机制进行研究，提出明确混合功能聚落在"自下而上"城镇化中的功能定位，通过混质空间的解析与绩效评价，构建适宜的营建机制，是解决专业市场下经济与人居空间协同发展的切入点。

（七）专业市场与产业集群互动发展研究

专业市场与产业集群的互动发展是我国特别在江浙地带十分普遍的现象，这引起了不少学者（李晶，2004；蔡江静和汪少华，2005；陆立军和郑小碧，2009，2011；陆立军、俞航东、陆瑶，2011；等等）关注专业市场与产业集群的关系，关联强度及影响因素，互动的机理、机制等方面的研究。实践证明，我国专业市场与地方性产业集群的互动发展是一个由竞争合作协同机制驱动的协同演化结构与过程（陆立军，2011），因此，产业集群与专业市场发展之间存在着较为显著的交互关系（鲁晓玮和盛亚，2018）。一些学者运用集聚理论（邱毅和郑勇军，2010）、演化动力理论（陆立军，2011）、分工理论（白小虎，2012）等理论分析了二者协同发展的内在机制与实现路径。此外，刘乃全和任光辉（2011）从影响因子角度分析了专业市场与产业集群之间阶段性的相互拉动和彼此支撑特征，将区域经济发展中专业市场与产业集群的互动概括为特定空间中的销售和生产活动在制度、主体、行为等方面的综合。衣保中和李敏（2017）从全球价值链攀升的视角提出了专业市场与产业集群联动升级的模型，认为集群与专业市场的联动发展为产业与市场的共同发展提供了一个新的研究思路。王必达和赵城（2019）则从供给与需求动态协同的视角探讨了区域产业转型过程中的专业市场效应，提出专业市场对产业转型升级效应的发挥存在空间异质性。

（八）专业市场发展的影响因素与前景研究

于明扬（2008）基于演化模型对浙江省三大典型专业市场（义乌"中国小商品城"、绍兴"中国轻纺城"以及杭州四季青服装市场）进行了案例研究和对比分析，认为宏观经济环境、政府、市场管理者等是影响专业市场未来发展的主要影响因素，同时肯定了政府在专业市场建立和发展过程中的重要作用。陆立军和杨海军（2007）基于义乌小商品市场二十多年快速发展的事实，论证了专业市场存在与发展的根本原因，是以专业市场为中心的区域分工网络报酬递增机制的建立。之后，刘天祥等（2012）通过分析专业市场报酬递增的内在机理，提出专业市场作为适应中国经济当前发展阶段的商业形态还有很大的发展空间并将长期存在。专业市场在我国的普遍发展，说明有其存在的合理性，盛洪（2015）解释了专业市场扩张的原因："一个专业市场，当其专业化带来的消费者消费占收入比例的减少少于因此而扩大的市场半径带来的消费者数量的增加时，它就比同等规模的非专业市场更为优越，因而可以扩大其市场半径，直到两者相等为止。"

陆立军和赵永刚（2012）运用结构方程模型（Structural Equation Modeling，SEM）论证了功能创新、配套服务以及品牌嵌入效应对专业市场的促进作用，并提出品牌化、信息化、网络化、业态高级化及功能多元化是新型专业市场未来发展的主要趋势与目标。企业创牌（嵌入性品牌）是否会"蚕食"专业市场？郑小碧（2014）对专业市场与嵌入性品牌的关系模式及其影响因素进行了理论与实证分析，提出专业市场与嵌入性品牌之间存在着与专业市场发展阶段相适应的三种协同演化模式。谢守红和周驾易（2014）通过运用全局主成分分析法对 2000～2011 年我国 35 个城市的专业市场发展状况进行了评价，并采用 SYS－GMM 估计方法对影响专业市场发展的因素进行了实证分析，研究表明：在影响专业市场发展的诸多因素中，中小企业的发展对于专业市场起到了最为明显的推动作用，市场化程度和便利的交通条件也是影响专业市场发展的重要因素，对外开放有利于专业市场参与国际分工，拓展新的发展空间。赵泉午等（2015）通过运用国内 35 个大中城市 2002～2013 年的专业市场面板数据，验证了产业集群、消费潜力以及交通条件三个因素对城市专业市场发展有着重要影响。石佳（2015）通过运用专业化分工、交易费用、内生报酬递增以及规模经济等理论，对专业市场的演变历程和动力机制进行了研究，认为专业市场演变的动力机制是影响市场发展的重要因素。黄训江（2016）基于 2000～2012 年省际专业市场面板数据，利用随机前沿分析方法对我国 30 个省份专业市场的生产率增长、技术效率及其影响因素等进行了研究，研究发现专业市场的技术效率会受到诸多因素的影响，在这些因素中，开放度、经济水平、人口基础、研发投入及人力资本等因素对技术效率具有正向影响作用，而企业规模、产业结构及产业支持度则对技术效率产生负向影响作用。并且，我国专业市场生产率增长受规模报酬收益的变化主导，虽然技术进步及技术效率变化率正向推动了生产率的增长，但由于规模报酬收益的负向影响作用，研究年度区间内生产率总体仍表现为负增长。

谢守红等（2015）对长三角专业市场的发展及空间差异进行研究，发现私营工业企业发展水平、城镇居民可支配收入、交通条件和对外开放程度对专业市场发展的空间差异具有显著影响。研究还证实，城市之间的空间尺度、空间交互作用对长江三角洲各市专业市场的发展有一定的影响。李瑶（2018）基于 2008～2016 年我国各地区专业市场的数据，对我国专业市场区域分布的特征、差异及成因进行了理论与实证分析，研究发现地区的产业发展与经济贸易水平对专业市场发展产生正相关作用。彭继增和孙广鑫（2019）通过运用 OLS 和面板门限模型，基于金融发展的观察维度对中小企业融资能力对专业市场发展的影响机制加以验证，认为中小企业融资能力对专业市场发展的作用不仅显著而且呈现强化的态势，能够有效推动专业市场的未来发展和转型。一些大型专业市场的不断扩张会造成专业市场所在地人口的大量增多，对当地公共安全形势构成一定压力，徐翀（2019）以金闾新城专业市场为例解析了专业市场公共安全服务中各参与主体的作用，以及专业市场公共安全服务的供给问题。此外，无论是从政府与市场关系的视角，还是基于公共产品理论的分析来看，专业市场的发展需要政府维护市场秩序和发挥公共服务职能。郑少川（2018）总结义乌、广州荔湾两地政府在推动专业市场发展方面的成功经验，并以白藤水产市场为例，探讨了专业市场转型升级中政府所发挥的作用。赵颖（2021）基于纺织服装专业市场的相关数据和分析，认为在巨大的发展压力之下，产地型市场具有更强的抗风险能力和创新能力，一些集散销地型市场则在全球疫情加重、消费者重构等多重挑战下难以维系。因此，我国专业市场必须不断创新升级流通方式，推动供应链的协同化、上下游一体化以及线上线下融合化发展，从原来的分销体制向共建渠道转变，将市场发展融入到产业生态圈层的建设，实现城市更新、产业革新、市场焕新、商户创新的同频共振，进而促进形成特色鲜明、优势互补、区域联动、协同共建的产业流通新生态。

三、对已有文献的评述

整体来看，当前国内学者对传统专业市场的研究较为丰富。专业市场的早期研究侧重于对专业市场的形成与发展进行探讨，并对"专业市场消亡论"进行了回应。后期学者的研究倾向于在新的时代背景下对其凸显的新的趋势特征、制度层面的创新与演变、市场的转型发展及其在经济社会发展中的作用等方面进行研究，如侧重研究专业市场的电子商务发展、空间演变、市场治理，及其对产业的提升、城镇化的影响等方面。在国外，尤其是发达国家，学者则倾向于对一些特定行业的专业市场进行研究，集中在对能源批发市场（Emma，2019；Poletti，2021；Bowei Guo and Giorgio，2021）、农产品批发市场等的研究。同时，也有不少国外学者对批发市场在国民经济中所发挥的功能与作用进行了研究。

综上所述，国内外学者从不同角度对专业市场进行了深入研究，相关理论成果不仅丰富而且非常具有价值，这为专业市场方面的后续研究奠定了十分有益的基础。但上述研究仍存在以下几个方面的不足：首先，研究内容上，多数研究关注的重点是专业市场的内涵、功能、成因、形成条件等静态特征，且主要研究成功专业市场的发展经验，而很少有关注专业市场在持续繁荣或走向衰落的演化过程中的基本条件、动力机制、发展阶段及转化路径，也较少关注专业市场复杂系统内不同个体或子系统之间相互依存、相互适应的演化特征，更缺乏对专业市场分化重构内在机制的动态研究。其次，研究范式上，现有研究大多是基于主流经济学研究范式的理论阐释与应用，而运用报酬递增思想、比较制度分析等理论与方法，揭示专业市场发展、转型、升级机制与规律的文献几乎为空白。最后，研究对象上，尚未有相关文献对新发展格局下专业市场的高质量发展进行系统深入的研究。

第二节　基于电子商务的新型专业市场研究

一、基于电子商务的新型专业市场相关研究

伴随着科学技术和电子信息网络的迅猛发展，互联网日渐成为生产经营及管理活动的一种展示方式和映射。近年来，传统专业市场与电子商务互动融合、互促互荣，正在成为一个新的产业形态和经济现象。不管是基于现实的观察，还是相关的理论研究，都可以看出运用电子商务实现传统专业市场转型发展的急迫性，以及构建基于电子商务的新型专业市场的必然性（陆立军和于斌斌，2009）。尤其在数字经济快速发展的背景下，推动传统专业市场转型的突围更要加快电子商务平台建设（程建华，2021）。*Reactions*（2020）一篇文章表明，批发经纪商与客户的"距离"比零售经纪商更远，但现在他们意识到了这个问题。最终，这两个市场面临的问题是相同的——都归结于数据获取、可用的指标和可行的洞察力。因此，批发市场有巨大的机会从接受数字生态系统和数据驱动的战略中受益。电子商务等新型流通形式在西方国家专业市场兴盛阶段尚未出现，因此，关于基于电子商务的新型专业市场的研究文献多在国内，主要集中在以下三个方面。

（一）专业市场开展电子商务的应用性研究及影响因素

杨静和邵培基（2005）基于商务活动和系统实施的视角构建了电子交易专业市场的模型。杜芳莉（2009）通过构建博弈分析框架对经营户在采纳电子商务技术上的激励问题进行了分析，认为技术特征、批发商偏好以及

市场拓展效应对于专业市场主体是否采纳电子商务有重要的影响。王喜美（2009）基于对韦尔（Weill，2001）的8种电子商务原子模式的探讨，选择了适用于专业市场这一特殊流通形态发展的原子模式，并运用案例详细阐述了专业市场开展电子商务的思路。为了能够较好地推进专业市场信息化的应用，吴应良和成星恺（2010）通过运用社会技术学和综合集成的系统观和方法论，构建了一种面向专业市场的电子商务集成信息门户的系统框架。李炜（2011）通过研究国内外相关技术、理论和专业市场转型发展的经验，构建了传统专业市场的互联网应用技术采纳模型，并实证检验了互联网技术采纳决策的影响要素及其作用机理。王达光（2012）从物理与基础层面、网络层面所涉及的各个环节，对于基于互联网的中药材市场电子商务平台提出了较全面的安全策略和有效的防御措施。徐捷和王中友（2013）根据市场需要和专业市场自身的特色提出了电子商务平台的理念，这一理念意味着基于数据共享的内部管理系统与电子商务平台的无缝对接，可以有效发挥市场管理在交易过程中的监管职能。

吕丽珺和吴有权（2013）以浙江省内的专业市场为例分析了专业市场电子商务化发展模式与影响因素，研究认为浙江省专业市场电子商务化发展的基本模式有五种：依托成熟的第三方电子商务平台开展电子商务；利用现有的行业网站开展电子商务；建立独立的专业市场电子商务平台；通过信息化建设，实现物流、资金流信息化，开展电子商务应用；O2O（Online to Offline）的网络商店模式，建立立体的销售渠道。与此同时，他们认为浙江省专业市场电子商务化的健康持续发展需要解决虚拟专业市场服务、监管不到位，商户电子商务应用水平不高，网络交易法律不健全，基于产业的电子商务人才欠缺等问题的影响。王群智和骆强（2013）基于对新兴皮革专业市场发展面临问题的分析，从三个方面（集体团购、电子优惠券、市内体验中心）探讨了新兴皮革专业市场O2O电子商务发展的模式问题以及相应对策。于江涛（2017）对专业市场电商模式的转型升级进行了研究。李洋鑫（2018）以有着"电子商务之都"之称的杭州四季青服装市场为例，对电子商务日益影响下的专业市场经营空间变化的内在机理进行研究，认为四季青经营空间的变化是由电子商务的交易方式、时空形态以及线下业务增加导致的经营空间需求增加而产生，专业市场可以采取原地改造与易地搬迁的措施来完成其实体空间的重构和优化。曹义（2021）通过对专业市场空间位置上的分类，选取义乌小商品市场、昆山万家汇小商品市场作为典型案例，剖析了在互联网技术持续影响下不同类型专业市场的发展路径，研究认为销地型专业市场更易于陷入收缩和衰退，而产地型专业市场则能与电子商务实现融合发展。

（二）电子商务平台介入对专业市场的改造与提升研究

电子商务作为信息时代贸易活动的基本形态，其本质特性和功能决定了它所具有的制度属性，它的应用无疑对于专业市场制度与技术的双重变迁日益发挥着不可替代的作用（陆立军，2013）。刘斯敖（2006）认为电子商务作为新的贸易形态，改变了传统专业市场的交易方式、时空观、信息传递的方式以及交易成本，通过市场化与信息化、网络化的有机结合，传统专业市场实现了市场模式、市场形态、市场交易方式和市场空间的不断创新与发展。刁玉柱（2006）分析了互联网背景下我国专业市场创新发展的基本趋势，认为电子商务为传统专业市场的创新发展提供了技术支持和应用经验，市场环境的虚拟化使传统专业市场可以突破时间、空间的限制，实体市场与电子商务的结合塑造了多元化的市场形态，实现了交易过程柔性化，与此同时还能够获取价格成本优势。陆立军（2009）通过对义乌"中国小商品城"8829家经营户的问卷调查与分析，认为电子商务的发展对于提升市场信息的集聚程度，推进市场的国际化经营、丰富国际业务的开展方式以及促进物流功能升级等方面具有明显的优势。于斌斌（2010）探讨了运用电子商务改造、提升专业市场的内在机理，提出电子商务的运用不仅将促进市场交易方式和市场形态的多样化发展与创新，而且还会推动市场展示功能、供应链技术以及物流功能等的改造与完善，从而有效促进了专业市场整体向网络化、数字化、智能化体系的转型与升级。此外，他以双边网络效应为视角对电子商务平台介入专业市场的定价模型进行了研究，结果表明，电子商务的应用可以压缩供应商与采购商之间的中间环节和重复流程，提高了交易效率并降低了交易成本。尤其是在转移成本相对较低的行业领域内开展电子商务更加经济、高效，而且将专业市场上的中小企业汇集到电子商务平台所产生的规模效应，将会为这一集体组织中的个体创造潜在的采购、决策和计划优势。

陈庆（2013）基于对浙江中部城市群区域发展现实的分析，认为专业市场与快递业一直难以建立高效的互动发展关系，而电子商务平台的介入，使得三者之间可以实现联动发展。王祖强和应武波（2013）认为电子商务在某种程度上对传统专业市场的功能和优势造成挑战，但通过对其引进和应用，可以有效促进专业市场向现代商贸业的转型与提升。结合对浙江省专业市场发展现状以及内外部环境的分析，郑红岗和郑勇军（2016）认为网络贸易的发展为专业市场的转型升级创造了战略性的历史机遇，他们为此提出了网络经济背景下浙江省专业市场实现转型升级的"三化模式"，即浙江省专业市场转型升级的主导方向应为电商化、国际化和集成化。潘建林（2017）以义乌国际小商品城为例，探析了专业市场的跨市场集群模式、淘宝村众创模式、B2R（Business-to-Retailer）新商业模式三大变革路径，提出了网络经济背景下传统专业市场变革对策。电子商务作为一种新型的市场交易形式对传统专业市场的交易制度产生了重大影响，孙立群（2017）探究了电子商务视角下专业市场交易制度的演变、发展与升级。此外，综合来看，市场准入受限、市场力量弱、不透明的价格发现过程都是导致农民销售价格低、收入低的原因。作为改善小农福利的主要努力，一些国家政府牵头进行了重大改革，通过在线农业平台改善这些农民的市场准入。雷特塞夫等（Retsef et al.，2020）利用与印度卡纳塔克邦政府的合作，对统一市场平台（Unified Market Platform，UMP）的改革实施对市场价格和农民盈利能力的影响进行了实证评估。UMP 于 2014 年由卡纳塔克邦政府成立，目的是将该邦受监管的农产品批发市场上的所有交易统一在一个在线平台上进行。截至 2019 年 11 月，全州 30 个区 164 个受监管市场中的 162 个已被纳入 UMP，约 6280 万公吨、价值 217 亿美元（美元）的商品已在该平台上交易。他们利用双重差分方法（a difference-in-differences method），证明了统一市场平台价格对模式价格（modal prices）的影响在不同商品之间存在显著差异。特别是，UMP 的实施使水稻、花生和玉米的模式价格平均上涨了 5.1%、

3.6% 和 3.5% 。此外，UMP 为生产高质量商品的农民带来了更大的利益。

(三) 专业市场与电子商务融合发展研究

陆立军和于斌斌（2009）从双边网络效应（即供应商的数量越多，供应商网络对采购商的价值就越大；采购商数量越多，采购商网络对供应商的价值就越大）的视角探讨了专业市场应用电子商务的最优定价模型，认为专业市场与电子商务融合发展的水平在很大程度上取决于信息服务的水平、转移成本以及网络外部性三个因素的影响。胡珺（2011）以湖州织里童装市场为例探索了电子商务与专业市场的互动机制。王立军和任亚磊（2012）基于对专业市场与电子商务联动发展的必要性、阶段性的分析，以及对义乌"中国小商品城"电子商务发展的 SWOT 分析，探讨了实体市场与无形市场融合发展的路径选择，并就目前存在的问题给出了对策建议。李虹（2012）借助新兴古典分工等理论剖析了专业市场与电子商务融合的内在机理，并提出通过完善法制环境、加快信用体系建设以及建立健全安全认证体系来促进基于电子商务的新型专业市场发展。刘广（2013）分别从产品属性与交易主体群异质性角度，探讨了专业市场与电子商务融合演进中的制约影响，认为二者的融合发展是目前我国专业市场实现更好发展的最优策略选择。郑小碧和刘广（2013）通过运用演化经济学的相关理论，从交易频率等几个方面深入探讨了专业市场与电子商务融合发展的机理。陈杰（2013）基于对嘉兴食品市场现实问题的分析，阐述了适用于嘉兴食品专业市场与电子商务融合发展的对策建议。陆立军和刘广（2013）基于市场交易群体态度转变视角，通过构建非线性动力学模型，分析了由于群体偏好和外界压力所导致的群体态度转变对于专业市场与电子商务融合发展的动力机理。

郑红岗和郑勇军（2016）总结了专业市场与电子商务融合发展的主要模式，他们认为大多专业市场都面临"线下上不来，线上下不去"的处境，其发展模式可以归结为三种：专业市场主导加独立电商平台发展模式、专业市场引导加第三方电商平台发展模式以及电商服务商加专业市场发展模式。张帆（2016）基于对专业市场与电子商务融合创新模式（即义乌 B2R 商业模式）的分析，从价值创造、价值传递和价值获取三个维度剖析了专业市场与电子商务业态的融合发展机制。于斌斌和陆立军（2017）通过构建电子商务环境下双渠道选择的供应链整合模型，分析了专业市场与电子商务相互融合的微观机理，研究证实：专业市场的价格优势虽能提高双渠道融合程度，却只能给采购商带来显著的融合绩效。同时，经营户和采购商都期望通过增加电子商务运营投入来扩大网络市场规模，以此从双渠道融合过程中获得规模报酬递增的预期收益。张驰等（2018）通过对重庆菜园坝水果批发市场依托"香满园"成功转型的案例进行研究，从市场需求、资源禀赋、政策支持以及运营管理四个维度提出生鲜农产品专业批发市场O2O转型机理模型。于斌斌和陆立军（2019）建立了一个关于专业市场经营户选择线上与线下渠道的策略模型，并以浙江义乌"中国小商品城"市场的调查数据进行实证研究，结果发现线下与线上融合的双渠道模式最终成为经营户的最优选择。

二、对已有文献的评述

综上所述，基于电子商务的新型专业市场研究吸引了广大学者的关注，相关研究不仅涉及面较为广泛，而且比较深入，整体略呈现出系统化特征，这为后续研究提供了有益的参考价值。但是，随着基于电子商务的新型专业市场不断发展与适应性进化，针对其凸显的新的趋势特征，尤其是制度层面的创新与演化方面的研究却存在明显的不足。尽管一些学者经过理论与实证的探讨先后取得一些研究成果，如陆立军（2013）从演化博弈的逻辑视角，郑小碧和刘广（2013）从资产专用性等三个维度，陆立军和刘猛（2013）通过构建状态—结构—绩效分析框架，分别揭示了传统专业市场与电子商务融合向基于电子商务的新型专业市场演进的路径与特征等，对基于电子商务的新型专业市场的制度形成与演化过程做了有益的探讨。然而，目前关于传统专业市场向基于电子商务的新型专业市场演进过程中的制度生成以及制度演化的内生性问题的解释仍相对不足，至少在方法论上还需要有所突破与完善。博弈论与比较制度分析理论在探讨制度生成、均衡以及制度内生性演变方面有着天然的适用性，其相关理论尤其是主观博弈论，为继续深化和完善这一研究提供了理论分析基础与方法上的可能性。

第三节　本书的一些重要理论基础

一、新增长理论与新兴古典经济学中的报酬递增思想

（一）报酬递增思想的演变

关于报酬递增机制理论的渊源，最早可追溯至斯密（Smith，1776）发表的《国富论》。斯密以制针工厂为例，阐述了专业化分工对劳动生产率的提高及带来的报酬递增现象，认为报酬递增来源于技术进步，具体表现在：分工和专业化的发展可以加速对知识的积累，正如斯密精辟地论述"劳动生产力上最大的增进，以及运用劳动时所表现的更大的熟练、技巧和判断力，似乎都是分工的结果"（斯密，1972）。1879 年，马歇尔与其夫人的合著《产业经济学》，涉及劳动分工、报酬递增问题。之后，马歇尔在《经济学原理》中对报酬递增作了以下定义"报酬递增律可说明如下：劳动和资本的增加，一般导致组织的改进，而组织的改进增大劳动和资本的使用效率"（马歇尔，1964）。马歇尔主张以外部性为基础来分析报酬递增，认为报酬递增是组织的经济、大规模生产的经济，而外部经济则是报酬递增的源泉，即产业规模的扩大取决于整个经济产量的增加，单个厂商规模的扩大则取决于相关产业的发展。然而，美国经济学家阿林·杨格（Allyn Young，1928）认为报酬递增并不是由工厂或产业部门的规模产生，而是由专业化和分工产生。其经典论文《收益递增与经济进步》继承并拓展了斯密的分工思想，将斯密定理"分工受市场范围的限制"发展成为杨格定理"分工一般取决于分工"，即递增报酬的实现依赖于劳动分工的演进，不但市场的大小决定分工程度，而且市场大小被分工的演进程度所制约。杨格强调从经济的整体研究报酬递增，他在论文中论证存在着一种具有良性循环的动态机

制，使分工水平和市场不断扩大，并且分工的网络效应使市场大小与分工程度相互依赖。马歇尔和杨格两位经济学家关于报酬递增的思想对后人影响很大，现代经济理论由此主要形成了两条对报酬递增理论探讨的路径：一条沿袭了马歇尔的外部经济思想，把外部经济与不完全竞争的均衡框架结合，把报酬递增纳入一般均衡框架（如以罗默（Romer）、卢卡斯（Lucas）等为代表的新增长理论）；另一条沿袭了阿伦·杨格（1928）的"有保证的收益递增依赖于劳动分工的演进"思想，以杨小凯等新兴古典经济学派为代表，主要从分工演进与专业化研究报酬递增的源泉。

（二）新增长理论中的报酬递增思想

报酬递增是新增长理论发展的起点，新增长理论假设经济增长只依靠资本积累（包括物质资本、人力资本、知识资本）驱动，重视知识资本的"跨期外部性"。新增长理论关于报酬递增的研究以阿罗（Arrow，1962）、罗默（1986，1990）和卢卡斯（1988）为代表，认为"干中学"、知识和人力资本的溢出效应是产生规模报酬递增的源泉。阿罗最早开始用外部性来解释经济增长，他在1962年发表的《干中学的经济含义》是新增长理论很多模型的来源，其核心的思想是将技术进步视为资本积累的副产品。阿罗的"干中学"模型认为物质资本投资的增加会使人力资本水平提高（厂商通过积累生产经验来提高劳动生产率），投资也会产生溢出效应（厂商间的相互学习），从而可以带动经济整体的技术进步，实现整个经济系统的规模收益递增。罗默（1986）沿着阿罗的思路研究报酬递增与经济增长的关系，将知识的创造看作投资的一个副产品，并在《报酬递增与长期增长》中对阿罗的"干中学"模型进行了修正与改进，提出以知识生产与知识溢出为基础的并且与完全竞争分析框架相容的模型。他认为由于知识一方面具有产生外部经济的外部效应（一般性知识），使全社会都可以获得规模经济；另一方面，知识具有产生内部经济的内部效应（专业化知识），使个别厂商获得垄断利润，这又为个别厂商开发新产品的R&D（Research and Development）提供资金来源。作为经济系统内生变量的技术进步是经济增长的源泉，由于外部性的存在，内部经济与外部经济共同作用，使物质产品的生产和整个经济产生了报酬递增。另外，在罗默的基础模型中，他又假定了新知识产出收益递减，这样再加上知识的外部性，可以实现经济的均衡增长。知识需要通过人力资本作为载体才能投入生产部门。卢卡斯（1988）吸收了宇泽宏文（Uzawa，1965）的把人力资本纳入经济增长的分析框架，同时与舒尔茨（Schultz）的人力资本理论、阿罗的"干中学"思想和索罗模型相结合，构建出了人力资本溢出模型。他认为人力资本的内部效应产生了内部经济，将经济系统产生的收益递增解释为人力资本的溢出效应所致。人力资本的溢出效应表现为人们的相互交流与学习，使得人们的知识不断增加，从而使所有生产要素的生产效率得到提高，物质资本的生产在人力资本溢出效应的作用下进而表现为报酬递增。

（三）新兴古典经济学中的报酬递增思想

以杨小凯（Yang）等为代表的新兴古典经济学派，主要从分工演进与专业化研究报酬递增的源泉。在新兴古典经济学的分析框架下，专业化经济与每个人生产活动范围的大小有关，而不是厂商规模扩大的经济效果，所有人的专业化经济合起来就是分工经济，分工经济由整个社会掌握的知识与分工之间的内在联系产生。假定一个经济系统中只有四个消费者——生产者A、B、C和D，每个人必须消费4种产品1、2、3和4，且可以选择生产1、2、3或4种产品。根据分工的程度，图2-1表示自给自足，图2-2表示完全分工。在经济发展的初始时期，人们知识积累不多，生产效率非常低，只能选择自给自足（见图2-1）。通过在劳动过程中不断地进行学习积累，生产效率逐步提高，人们开始有能力支付一定的交易费用，进而产生了初步的分工与专业化生产。分工通过专业化生产的熟能生巧加速知识的积累和技能的改进，生产效率进一步提高，从而使经济增长率逐步提高。杨小凯证明由于分工的正网络效应和交易成本之间的两难冲突，当一个静态模型中1单位贸易商品的交易成本系数下降时，分工引起的正网络效应将很有可能超过分工引起的交易成本。因此，经济就会从图2-1中的自给自足演进到局部分工，再逐步演进到图2-2的完全分工。

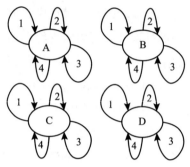

图 2-1　自给自足

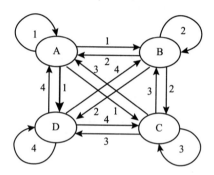

图 2-2　完全分工

在一个动态均衡模型里，这种分工的演进可能在缺乏交易效率外生改进时自发地产生。这样的良性循环使分工演进得越来越高级，商业化和市场化程度也随之演进。在演进的过程中，由于分工水平和交易效率是正相关的，那么有效的制度变迁与组织创新对于在提高交易效率的基础上提高分工水平发挥着决定作用，而基于专业化的劳动分工则通过加速专门知识积累，以及提高人们获取技术性知识的能力产生报酬递增。

二、比较制度分析理论

20 世纪 70 年代以来，伴随着信息与激励、契约与谈判、不确定与风险等领域逐步成为理论经济学的重点研究方向，许多新的经济学分析工具，诸如产权经济学、博弈论、合约理论、组织经济学、信息经济学、公共选择理论等不断诞生出来并获得了一定的发展，这为比较制度分析的产生提供了有效的分析工具支撑与有利的环境基础。20 世纪 80 年代，世界局势发生的重大变化①以及经济理论的自身发展，促使比较经济学在 20 世纪 90 年代以后迅速发展。比较经济学的理论体系在经历新制度经济学方法论的影响、改造及其自身发展之后，比较制度分析（Comparative Institutional Analysis，CIA）作为比较经济学的前沿性成果演变为比较经济学的新形态，比较经济学自此由之前的从属和边缘性学科日益发展成为主导和主流学科。与新古典经济学单纯研究市场机制不同，比较制度分析作为经济学的一门新兴领域，它可以将多样化的机制和制度作为分析对象，通过将经济体制看作各种制度的合集来分析市场经济体制的多样性和活力。比较制度分析的代表人物有青木昌彦、保罗·米尔格罗姆（Pual Milgrmo）、阿尔文·格雷夫（Avner Greif）、钱颖一、约翰·利特瓦克（John Litwack）等，其中，青木昌彦因在比较制度分析领域做出了开拓性的理论贡献，并在学术界提出了许多具有深远影响的理论观点，被认为是比较制度分析最具代表性人物。

（一）对于制度的理解

诺思（North，1990）把制度定义为"博弈规则"，更严格地说，"是人们制定的、规范人们相互关系的约束条件"。之后，贺维茨（Hurwicz，1993）用函数形式给出更为技术性的制度的定义：制度的作用是"限制可以接受的机制的种类。它是关于规则的规则。这意味着指出哪一种选择域（choice domain）和结果函数（outcome function）是可接受的……然而，不是所有的限制都可以成为制度"。贺维茨强调制度"设计"的可能性。格雷夫（Greif，1994）认为诺思关于制度的两个不同的定义——规则和约束条件——其内容并非完全一致，因为后者包含前者。格瑞夫（1996）从博弈

---

①　在 1989 年以前，比较经济体系（comparaive economic systems）主要研究社会主义制度与资本主义制度，计划经济与市场经济的比较。随着东欧和苏联的变化，经济学的这一领域也随之改变。

均衡角度提出制度的定义："在博弈论框架中，两个相互联系的制度要素是（关于别人行为的）预期和组织……组织是非技术因素决定的约束，它们通过引入新的参与人（即该组织本身），改变参与人所得的信息，或者改变某些行动的报酬来影响行为。"如上所述，尽管诺思、贺维茨、格雷夫等对于制度的定义在强调的重点和分析推理等方面存在一定的差异，但是，目前制度被普遍理解为人们制定的、对相互经济关系的一种约束。

青木昌彦（1997，1999，2005）基于共有信念和均衡的概要表征的观点（见图2-3），从现实的角度将制度概括为"关于博弈重复进行的主要方式的共有理念的自我维系系统"。按照比较制度分析的观点，制度的本质是对均衡博弈路径显著和固定特征的一种浓缩性表征，该表征被相关域几乎所有参与人所感知，认为是与他们策略决策相关的。这样，制度就以一种自我实施的方式制约着参与人的策略互动，并反过来又被他们在连续变化的环境下的实际决策不断再生长出来。根据上面的表述，可以理解出制度的几个特征：（1）内生规则。比较制度分析否定规则是外生强加的，或者由政治、文化和元博弈决定。认为博弈规则是由参与人的策略互动内生的，存在于参与人的意识中，并且是可自我实施的。（2）信息浓缩 ［summary representation（compressed information）］——即对均衡博弈的概要表征。（3）由于信息浓缩的特点，均衡的概要表征对于环境连续性变化和微小动荡表现出刚性或耐久性。（4）与相关域几乎所有参与人相关的普遍性。（5）多重性。一项

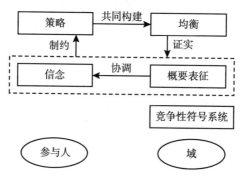

图2-3 作为共有信念和均衡概要表征的制度

制度可以简要地代表域内不同类型的行动决策规则或所有参与人共同的决策规则，具体取决于域内参与人的行动集合是否对称①。

（二）比较制度分析的研究对象

1. 制度

毫无疑问，制度分析在比较制度分析理论中占据着贯彻整体的特殊位置，青木昌彦（1991）就曾指出"比较制度分析是对现行的各种制度进行比较分析"。既然制度是基于共有信念的自我维系系统，那么制度就会呈现演化的多种可能性，以多种不同形式表现出来，确切的体现形式则由博弈的性质和对应的符合的均衡概念以及均衡实现的方式决定。总体而言，制度的形式主要包括管制制度、社会规范以及规则和惯例三个方面。

2. 组织

在运用比较制度分析工具对制度进行研究时，始终离不开组织这一范畴。所谓组织，一般认为就是一系列为了维护参与人预期利益的契约。根据现代组织理论的代表性人物威廉姆森（Williamson）的观点，组织产生与存在的重要意义在于可以使交易费用降低，组织作为一种治理的机制，正是由于其内部参与者的有限理性，组织才成为达成人类目的的有效工具。有关组织研究的问题主要包括：（1）权威问题。（2）激励与约束问题。如何建立适应组织发展，均衡参与者利益、确保参与者忠诚的激励和约束机制是这一问题的关键。（3）规范问题。（4）机会主义问题。（5）组织的基础问题。相关研究表明，组织可被视为知识的集合体，其内部结构、功能以及效率的不同均源于组织内部的知识积累。

3. 经济体制

经济体制是对资源配置作出决策和执行这一决策的一整套组织安排。按

---

① 例如在政治域，参与人的行动集合是不对称的，概要表征由关于政府和利益集团依状态而定的不同行动决策的预期构成。而在组织域，概要表征则由组织中处于不同位置的参与人的预期角色（如经理和工人）构成。另一方面，在公共资源和社会交换域，行动集合是对称性的，概要表征采取的是习俗性产权和社区规范的形式，它们受到有关博弈重复进行的方式的共有信念的支持。

照美国经济学家埃冈·纽伯格与威廉·达菲（1984）的观点，经济体制所包括的法律、正式程序、规则及习惯等可被归纳为决策、信息和动力三项基本结构或系统：决策系统主导着经济活动当事人的决策权；信息系统包括经济活动中信息的传达以及传达的渠道；动力系统也称为动力机制，涉及经济参与主体的激励和达成组织预期目标的动力。这三个系统或机构之间的彼此依存、互动发展成就了完整的经济体制，并实现对资源的配置。尽管除了埃冈·纽伯格与威廉·达菲对经济体制内部构成要素提出划分之外，还有其他学者从不同视角或方法提出划分的观点，但是综合来看，学术界普遍认可将经济体制理解为各类制度的有机组合，经济体制之所以各具特色是因为制度组合的方式有所差异。

（三）比较制度分析的方法论特点

1. 复杂系统和有限理性

比较制度分析的假设前提首先肯定两点：现实的经济生活是一种复杂结构；经济活动参与者在面临这样的复杂结构只具备有限理性。现实的经济活动是：拥有大量技术知识的企业，在错综复杂、千变万化以及信息不对称的环境中，凭借各种各样的生产要素制造出数不胜数、种类繁多的产品，这些产品以及产品的收入分配至数以亿计的人们手中。经济活动过程的复杂性——即所谓的"复杂系统"，需要人们设立能够有效利用经济参与主体的信息来实现资源配置的经济机构和制度。事实上，除了传统经济学所强调的市场机制之外，现实的经济活动还存在着许多发挥着重要协调作用的制度性结构，如政府、企业等，还有诸如法律制度、组织、规则等自发形成的结构。比较制度分析认为，这些制度因素之所以存在主要是人类为了应对复杂环境而"适应性"进化所产生的，因为经济主体的有限理性需要这些结构进行归纳式的决策以尽可能实现最优选择。

2. 互补性和路径依赖性

在一个体制内部，如果某种结构的占比越高，那么选择这种结构就会越具有优势，即体制存在着"战略互补性"。比较制度分析认为，一个国家的制度体系如果比较同质，在很大程度上是那些制度间彼此具有战略互补性所造成的。其次，在制度和结构中，各种体制之间也同样彼此关联、具有互补性。在不同结构之间亦是如此，即存在"制度上的互补性"，这也是制度结构多样性存在以及体制不断强化的原因。这就意味着，组成经济体制的各种不同制度要素是相互作用、彼此相互适应的，一定功能的制度要素一旦产生，客观上就要求与其他制度形式相契合、彼此适应。由此可以看出，制度的互补性及其相互作用对于解释社会制度安排的耐久性和多重性具有很大帮助。此外，由于不同制度存在的规模经济、社会适应性、学习效应等因素依赖于各自经济体制所具有的历史的、民族的、知识的、文化的、经济的因素，因此，经济体制存在一定惯性的力量，即"路径依赖"。

3. 历史研究和比较方法

制度具有自我约束性，如果某种制度安排顺利实现变更，比较制度分析认为这是由于发生了促使参与者产生共同行为决策的某个历史事件。而如果制度变更难以实现，相当程度的制度框架构成要素由经济的历史条件确定。由于制度存在历史的"路径依赖"性，在运用比较制度分析作为分析工具时，就必须要把历史与比较知识作为分析的基础，这就要求甄别出"外生的"技术、制度因素与"内生变量"的存在形式，以及厘清什么因素导致特定均衡的选择结果。制度、组织及经济体制是具有多样性的，比较方法作为制度分析的基本方法，其在分析研究对象的特点和性质方面具有独特优势：一是这一方法注重从同类研究对象中发现其差异性、各自特点及其产生的成因，因此更有助于清晰理解研究对象的本质特征；二是这一方法可以摆脱必须用大量研究样本来实现研究的约束，比较方法仅需要两个以上的同类样本即可基本弄清研究对象的特点等；三是这一方法最重要的任务是研究和把握研究对象的差异性与多样性的表现及原因，因而比较贴近现实。

第二部分

专业市场创新与网络拓展研究

　　中国发展经验表明，专业市场是除格里芬（Gereffi）和克仁威茨（Korzeniewicz，1994）提出的"购买者驱动"（buyer-driven）与"生产者驱动"（producer-driven）两类因素外，驱动地方性生产集群企业在全球价值链（global value chain）攀升的第三动力。一个成功案例是被誉为"全球最大小商品批发市场"的义乌，已成为中国特色社会主义在县域层面成功实践的典范。然而，虽然专业市场的营销网络使得我国地方性产业集群能够获得更多机会参与全球价值链的国际分工体系，但其对外贸易主要是通过粗放式的内向国际化分工来获得其支撑产业发展的资金与技术积累，这导致市场中大部分中小外贸企业仍是以"两头在外"的生产经营模式嵌入在全球价值链中。全球价值链的中间是以劳动密集型为主、低附加值的生产和加工环节，而主导全球价值链两端的"链主"则一般是发达国家的跨国巨头，他们通常掌握着产品标准、技术规范、研发设计、市场营销、品牌运作等附加值较高的环节，这在相当程度上决定着全球生产和交换过程中的利益分配。历史上，新国际劳动分工的纵深发展是发达国家专业市场衰退甚至"消亡"的重要原因之一。专业市场作为主要集聚同类或相关产品中小企业的共享平台，如果依靠原有模仿创新与价格竞争为主要贸易模式所带动的低端加工制造来继续扩大产能和交易规模，就可能会因资源瓶颈、贸易壁垒及市场空间约束等问题而出现"消亡"的风险，这种依附性经济也会导致我国区域经济发展面临"贫困化增长"的陷阱。

　　陆立军和杨海军（2007）认为正是市场规模扩大后所建立的跨区域分工协作网络效应与内生报酬递增机制，使得一些专业市场获得更多的发展机会而使其规模和市场范围不断变大，刘天祥等（2012）通过对专业市场的内生报酬递增机理进行探讨得到同样的结论。因此，报酬递增机制是专业市场及以之为中心的跨区域分工协作网络不断拓展与演进的动力源，通过报酬递增机制以及制度创新可以使我国专业市场有机会成功跨越西方发达国家"专业市场消亡"的历史陷阱。专业化分工与知识积累所带来的报酬递增是古典经济学非常重视的问题，然而，动态的报酬递增与静态的完全竞争理论之间的冲突，使得报酬递增思想始终只是作为一种特殊现象而在很长一段时间没有被纳入主流经济学的体系之中，甚至知识范畴的研究因与经济学的割裂而被漠视。在知识经济的大背景下，伴随科学技术、经济全球化的发展以及国际分工的不断深化，知识在专业化分工问题上的重要性日益凸显，由知识和技术进步所导致的报酬递增作用范围日益扩大，建立知识型与创新型的经济形态，是新型专业市场未来发展的关键和提高适应能力的必然选择，同时，专业市场嵌入全球价值链的模式必然要从低级分工形式拓展至以知识要素为主导的高端价值链分工。

第三章

专业市场转型的路径与机制

现阶段，我国不同地区、行业间专业市场的发展正处于分化、重组时期。伴随着外部严峻的经济环境，传统专业市场的功能正处于不断减弱态势：一方面，产业集群低成本的比较优势逐渐丧失，而企业与产业创造竞争优势的能力尚未形成。另一方面，传统专业市场作为一种提供销售渠道和价格信息的"公共平台"，在产品空间逐渐扩大后正受到大型连锁超市、电子商务等新型业态的冲击，不断被企业创牌、自建营销网络等行为所"蚕食"。在此背景下，专业市场如何抓住历史机遇实现转型升级，不仅对自身的持久发展，而且对国家发展战略的实施意义重大。本章基于对专业市场发展所面临挑战的分析，从破坏性创新视角探讨专业市场转型的路径与机制。

第一节　专业市场发展面临的挑战

传统意义上的专业市场是一种以现货批发为主，集中交易某一类商品或者若干类具有较强互补性或替代性商品的场所，是一种大规模集中交易的坐商式的市场制度安排（陆立军和王祖强，2008）。经过几十年的发展，部分发达专业市场如义乌"中国小商品城"、海宁"中国皮革城"和绍兴"中国轻纺城"等正逐步地从传统的商品销售平台向集群服务业集聚平台、从促进交易向信息交流进而向展示体验和博览会等综合服务与增值服务方向发展，以网络化、信息化、业态高级化和功能多元化为特征的新型专业市场正在形成。现代化的新型专业市场突破了传统的商品交易场所概念，其竞争基础将更加注重响应速度、便利性、个性化程度或价格等因素，逐渐发展为集现代物流体系、电子商务、市场产业网络和金融信息等配套服务于一体，协调发展的新兴经济综合体。但我国专业市场在发展过程中，也面临诸多挑战。

一、支撑产业低端，"核心产品"① 竞争力不足

改革开放以来，专业市场在促进区域经济发展的同时也催生了"轻、小、集、加"的产业结构，严重制约了所在区域产业集群从粗放型增长方式向集约型增长方式转变，进而导致专业市场的支撑产业结构呈矮化态势，大量资源无效或错配导致产能过剩严重，有些专业市场因其支撑产业结构的失衡或衰落而难以为继，甚至"消亡"。20 世纪八九十年代闻名全国的温州几大专业市场，在进入 21 世纪后的集体衰落（如"桥头纽扣市场""来福门信河街的皮鞋大市场""妙果寺服装大市场"等专业市场已难寻昔日盛况，出现了不同程度的衰落）。这固然与宏观经济环境等外部因素有关，但就其自身而言，低加工度的集群产业在演变过程中出现空洞化，丧失产业的依托，以致专业市场核心竞争力的载体和基础即"核心产品"失去引力，才是最终导致温州专业市场走向衰落的真正根源。目前，大多数专业市场之所以能在新兴商业业态的竞争中保留一席之地，主要还是依靠"核心产品"的低价格与品种丰富的优势。以浙江义乌"中国小商品城"市场为例②，由表 3 - 1 可以看出，大多数经营户认为其所经营商品的最大优势依然是质量、价格和产品特色，而品牌与技术水平的优势并未形成（笔者所在课题组于 2020 年 5 月进行的问卷调查结果显示，尽管市场商户认为其经营商品具有品牌优势的占比增长至28.7%，但技术水平优势仍处于较低水平，具体见表 4 - 4）。

---

① 专业市场的"核心产品"是指专业市场根据自身特点选择的能最大限度地发挥自身优势的特定类型的商品。

② 之所以选择浙江义乌"中国小商品城"市场为例，是因为义乌作为国际性的小商品流通、信息、展示中心，是"全球最大的小商品批发市场"，以其为例说明更具代表性。

表 3 – 1　　　　　　 "中国小商品城"市场经营商品所具有的优势

商品优势	价格	质量	品牌	技术水平	产品特色	销售渠道	其他
比重（%）	41.1	54.7	14.0	9.3	27.3	8.6	2.8

　　资料来源：笔者所在的课题组于 2013 年 5 月在义乌开展了大规模问卷调查，此次调查共向 "中国小商品城"市场经营户、篁园市场、义乌企业累计发放问卷 5700 份，实际回收有效问卷 5139 份，有效率为 90.2%。另外，表中对于单项选择题的统计数据均采用有效百分率。由于多项选择题的相关比重之和会大于 100%，因此，只进行被调查者对相关选项的总体排序。为获得不同类型被调查者对同一问题的统一判断结果，必要时对相关数据作了等权加总处理并排序，特此说明。

二、维持性创新的瓶颈问题凸显

　　专业市场贸易空间扩张的瓶颈在相当大程度上并不是需求不足，而是社会的供给能力超过购买力而形成的产能过剩。我国的改革开放已经历四十多年，产业结构势必在这一过程中伴随着商品市场需求偏好的升级进行空间的调整。与之相悖的是，长期以来企业界普遍默认跟随和模仿等维持性创新战略是专业市场上中小企业的首选，由此形成了多数厂商不愿承担与创新相伴的风险和短期花费。专业市场维持性创新的思路延续至今，其导致的瓶颈问题日益凸显。当 "核心产品"发展到其生命周期的 "S 曲线"中段以后，生产企业就需要有更佳的生产弹性及效率，这是因为维持性技术创新对于产品功能的无限扩大会使其逐渐偏离自身的基本使用价值。技术的日益成熟导致产品功能提升的空间逐渐被压缩，再加上消费者心理认知的理性回归，这两个因素会共同削弱 "核心产品"的市场主体地位及其利润增长动力。在我国，虽然专业市场上不同种类商品所在行业具有多样性和复杂性，但伴随着专利制度、知识产权界定的不断加强以及行业技术壁垒的提高，中小企业在维持性创新过程中受到专业市场网络规模效应的负面影响逐步凸显，其中最主要的原因是技术商业化成本的大幅度提高使这种延续性的创新方式难以持续有效降低企业的整体成本。当网络规模壁垒趋于临界规模状态时，反复跟随和模仿的维持性创新所引发的同质化竞争就会导致其投资效应出现边际收益递减。

三、市场功能弱化，外界环境复杂多变

传统专业市场主要通过外部化过程来实现资源配置效率的提高。专业市场依靠企业的低成本战略和巨大的市场需求拓展了自身规模，市场中的企业只需快速复制生产、销售模式就可以获得迅速的发展。伴随着通信科技、交通的迅猛发展，以及电子商务、大型超市等新型商业业态的出现，专业市场内外的制度环境和体制差距逐步缩小，原有市场功能出现弱化甚至趋于消失。此外，外贸波动大和市场结构失衡也是当前专业市场面临的重要问题。针对义乌"中国小商品市场"的问卷调查结果显示，认为国际形势不好是目前困扰经营的因素的经营者占58.4%，是选择的因素中最为集中的一项。市场租金过高也是困扰经营户经营的重要因素，加之我国经济发展的结构性矛盾等问题，对专业市场的生存空间造成一定挤压。上述因素共同导致收入和利润损失迫使市场中的中小企业重新思考如何突破价值链中的薄弱环节。中小企业资源少、规模小，主要依靠从事贴牌生产、来料加工等低附加值业务来赚取低廉的加工费，其中大多数企业因缺乏自主品牌而无法形成核心竞争能力。实力较强的企业可通过研发设计高附加值和高性能的"核心产品"，使其在主流市场中的竞争能力得到强化。而对于市场中的大多数中小企业来说，自主研发创新的不确定性和较高的投入成本是难以承受的。

第二节　破坏性创新为专业市场转型提供有效范式

基于我国专业市场发展所面临的现实困境，破坏性创新作为"创造新市场"的有效工具，是一种比较适用于我国专业市场实际发展情况的范式。

一、破坏性创新的含义与特征

"创新"的概念自熊彼特从1912年提出以来，一直受到西方社会各界

的广泛重视，与凯恩斯主义所强调的通过扩张性的经济政策以增加有效需求不同，熊彼特认为没有创新则可能产生有效需求和有效供给的双重不足进而导致滞胀。哈佛大学教授克里斯坦森（Christensen）在其著作《创新者的窘境》中继承和发展了熊彼特"创造性破坏"的思想，根据克里斯坦森的观点，破坏性创新是指起始于新兴的或不太重要的边缘市场、经过技术能力破坏或对现有技术重新组合进而大幅度改变现有产品或服务性能，最终打破主流市场竞争基础的创新（Christensen，1997；Christensen，Overdorf，2000）。破坏性创新的主要特征为：第一，采用新的技术范式，使原有技术的轨迹与客户需求的商品性能间出现不平衡所产生的商机，导致破坏性创新的产生；第二，通过重塑原有的需求价值网络而为非主流市场或边缘市场上的新兴消费者或低端消费者提供新的价值体验，客户价值体系的差异和变化是推动破坏性创新产生的主要动力（Jay Paap，Ralph Katz，2004；张洪石、陈劲，2005；杨雪滢、白俊峰，2012）。可见，企业破坏性创新的开展是一个系统的动态演化过程而并不是静态孤立的，其形成的动力机制与技术和需求之间的非线性交互作用密切相关。

二、专业市场开展破坏性创新的现实基础

能力的可塑性和产业规则的适应性是中小企业所具有的比较优势。从发达国家发展的实践看，破坏性创新是中小企业在经济环境不景气的形势下比较适宜的选择，20世纪末信息革命的历程就很好地表明了小企业是发起这种"创造性毁灭过程"的重要推动力量。从我国专业市场发展的现实情况来看，破坏性创新是其突破发展困境进而实现转型的有效选择：一方面，破坏性创新采用的是基于新的价值结构的差异化策略，是一种低成本的商业模式，这与金伟灿、莫伯尼的"蓝海战略"思想非常接近，它具有起始阶段的隐蔽性、低端性、边缘性、非竞争性以及客户价值导向性。而中小企业一般拥有较强的创业精神、灵活的激励制度等客观优势，开展破坏性创新具有可行性和操作性。另一方面，现代专业市场作为新型商业组织形态中较为先进的流通形式，其需求集聚的规模经济性可以有效识别与解决客户的偏好多

样性和预算约束性问题。厂商凭借专业市场供求信息集散的功能，在利益的驱动下利用新技术或重组生产要素获取潜在盈利机会，由此会形成某种供需信息的反馈机制而实现厂商对消费者偏好信息的收集和消费者自身效用的最大化，这为专业市场上中小企业破坏性创新的开展提供了基础。具体来说，专业市场作为规范化的经济组织可以有效地协调商品流通中的不同环节，以其为核心的分工协作网络使市场内部和外部组织结构有机结为一体，这为以专业市场为依托的中小企业开展破坏性创新提供了特有的优势：市场激烈的竞争环境培养了企业开展破坏性创新所需要的最基本的应变能力；专业市场的信息集散和共享机制为企业破坏性创新过程降低了客户需求信息的搜寻成本；以专业市场为核心所形成的分工协作网络为企业的产业链提供了有力的支持；专业市场完善的配套服务如金融、物流等，为企业的破坏性创新奠定了稳固的发展基础。这些因素使得专业市场上企业开展破坏性创新的产品或服务具有更高的效用与价格的比值，其绩效属性可以更好地满足潜在需求。

第三节　专业市场开展破坏性创新的路径

一、通过低端破坏、新市场破坏及混合破坏来重塑需求

按照专业市场上"核心产品"价值网络的技术轨迹差异，可将其开展破坏性创新的方式归纳为以下三种：低端破坏、新市场破坏以及混合市场破坏。一般来说，低端破坏指企业从同一产品或服务细分市场的最底端为切入点，重组原有的价值网络，通过低成本优势吸引被主流市场忽略的最不苛求的、服务要求最低的消费群体。这种方式比较适用于专业市场上那些现有主导技术还没有特别成熟、仍有大量需求尚未释放的商品种类，它尽管没有为专业市场创造新增长的发展空间，但可以为企业提供一定的利润。实际上，从市场的角度来看，专业市场上相当一部分"核心产品"的主导技术已经

足够满足消费者对于产品性能的要求，这就需要企业进行新市场破坏：针对"非消费者"的潜在价值网络去开辟与主流市场没有正面冲突的新兴细分市场，将原来不具备相关消费经验的客户转变为专业市场实际的市场容量，吸引消费者的产品性能需求转移。此外，在社会经济发展过程中，消费者偏好会随着物质环境的不断变化进而催生新的需求动力，而现存技术能否在环境变化时做出适应性调整，则存在一定的概率。在此种情况下，企业可通过新市场破坏的非竞争性和隐蔽性开辟新的市场，也可通过低端创新不断增加产品的性能价值。采用混合市场破坏时，非消费者与过度满足的消费者都是潜在的需求动力。以专业市场为依托的中小企业依靠市场与产业的双重支撑，以及它所嵌入的以专业市场为核心形成的分工网络中的社会资本，一方面可以根据不同区域或细分市场所表现出的特征差异，寻找专业市场在拓展过程中未充分利用的、能够产生破坏性作用的市场空间；另一方面，可通过研发、购买或引进具有破坏性创新的技术，也可与高校等研究单位联合或通过技术的交叉与融合，衍生出具有破坏性创新的技术或模式。专业市场开展破坏性创新的路径原理如图 3-1 所示。

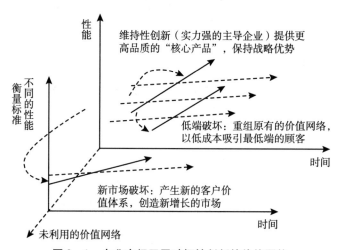

图 3-1 专业市场开展破坏性创新的价值网络

二、通过形成新的价值网络带动集群网络升级

产品的性能是生产技术与客户价值的结合点，中小企业在新兴市场或边缘市场获得突破之后，就可利用与市场需求互动形成的信息反馈机制进行产品性能的改进，以实现消费者效用的增加。在技术方面，破坏性创新则开辟了一条新的技术轨迹，沿着该轨迹，创新产品的一些主要技术指标得以快速改进。从市场的角度来看，企业开展破坏性创新的最大风险在于其"生存空间"定位的不确定性，这表明能否通过正确的市场定位寻找符合自身发展条件的竞争领域是破坏性创新过程中最为核心的一个环节。无论从理论还是实践看，大量的厂商与客户之所以选择在专业市场上大规模集聚，是由于专业市场所具备的专业化分工水平、规模经济效应不仅可以大幅度降低成本，而且在获取经济利益的同时，能够有效分摊市场经济波动的风险。传统专业市场正在经历对现有市场价值网络的重塑以期向新型专业市场转型，在这一过程中，专业市场强大的信息集散功能可以对市场的客户价值网络①进行有效定位，经过观察和研究消费者价值体系的变化寻找潜在盈利机会。专业市场也可按照自身独特的经营和管理模式拆分或重置原有价值链，建立新的低成本结构进而获取新的价值网络区域。基于此，以专业市场为依托的中小企业完全可以充分利用市场的商品聚散、价格形成、信息集散中心、调节供求等独特功能和体制优势，挖掘新客户或实现价值重置。专业市场作为现代商品经济中较高层次的商业业态和流通形式，具有难以复制和模仿的经营管理模式，能够区隔出新的竞争生态空间从而为市场的发展创造新的利润增长点。因此，专业市场在相当大程度上也为以其为依托的企业开展破坏性创新提供了壁垒效应，使企业获得某种利润保护机制。根据以上逻辑，经过企业或产业技术创新、专业市场功能演化以及消费者价值体系之间的相互融

---

① 在现实生活中，一种产品除了一个主要性能特征以外还有多个辅助的性能特征，比如手机除了基本的通话性能外还有拍照、发短信、听音乐等其他辅助的性能，这些性能体系就组成了消费者的价值网络。

合，技术演进轨迹的改变将推动专业市场整个分工网络集群的升级。

三、通过营造有利的政策环境促进专业市场破坏性创新的开展

专业市场未来的发展主要取决于两大因素：一是专业市场能否为适应经济环境变化而实现自身的重组和功能创新；二是专业市场的支撑产业能否从依靠廉价劳动力和大量资源投入的生产要素驱动转向创新驱动。在此种态势下，破坏性创新作为专业市场有效转型的可行路径，应当得到市场管理者、经营者和政府等的足够重视。第一，营造公平开放的市场竞争环境。市场经济的核心问题是通过交易来协调社会生产活动和资源配置，市场权力受到限制是制约市场机制发挥，尤其是束缚中小企业创新的重要因素。应遵循党的十八届三中全会《中共中央关于全面深化改革若干重大问题的决定》关于"发挥市场的决定作用"的要求，切实放松一些高收益垄断领域对民间资本的限制，一切非市场性的因素，尤其是行政干预、行业和地方保护、资源品定价等都应成为被消除的对象，把更多的空间留给市场开展破坏性创新。第二，强化约束激励机制。破坏性创新带来的是长期动态效益而不是短期静态效益，市场管理者、政府等相关部门应当根据企业实际需要制定破坏性创新的相关支持政策，鼓励破坏性力量的出现和发展，通过形成良好的创新风气和激励机制来促进专业市场上中小企业的转型。此外，产权界定和清晰是企业在开展破坏性创新时的重要动力源泉，在完善产权保护体制的同时要注意强化产权约束机制。第三，开辟多元融资渠道。技术的创新必须要有金融的支持，而以专业市场为依托的大多数中小企业难以满足正规融资渠道的准入标准。因此，地方政府应当根据专业市场的经营模式和金融需求特征灵活创新。一方面，减少金融管制，放开、放松民营企业准入门槛，通过引入 PE 投资、天使基金等资本解决创新企业资金短缺的问题；另一方面，通过建立专业市场风险基金等措施，强化风险防范能力。

第四章

知识积累、报酬递增与新型专业市场

目前我国部分大型专业市场正处在向高端化、信息化、国际化趋势发展的关键时期，迫切需要在市场形态、发展理念等方面大胆创新，以推动专业市场实现科学发展、转型升级。知识经济已成为当今世界经济发展的主题。内在有机性是知识经济的基本特性，网络效应和知识的兼容性所产生的边际收益递增，重新构造了人们对于经济增长的思维方式。对于新型专业市场之所以能顺应时代潮流并不断扩展的根源，以报酬递减为假设前提的新古典经济理论在解释当今经济的演变方面已显得捉襟见肘。新制度经济学关于制度变迁中交易费用（Coase，1937，1960）的理论提供了研究的线索，陆立军和杨海军（2007）利用新兴古典经济学的专业化分工模型（杨小凯，1988）和空间经济学的基础——乘数模型（Fujita，Krugman，Venables，1999），分析了专业市场的商业运行机制为内生报酬递增机制及跨区域分工协作网络的建立，提供了三条可以提高分工后交易可靠性的路径，并认为这是专业市场存在与发展的根本原因。专业市场扩展到一定规模后所形成的内生报酬递增机制，以及由此所引发的投资协同效应与市场分工网络效应（陆立军、白小虎、王祖强，2003；陆立军和王祖强，2008），使得专业市场作为一种适合中国国情和发展阶段的交易制度，不仅还要存在于一个很长的历史时期中，而且还有可能被强化。

"自然在生产上所起的作用表现出报酬递减的倾向，而人类所起的作用，则表现出报酬递增的倾向"（马歇尔，1964；王滢波，2022）。且"随着分工的演进和深化，报酬递增作用的范围和领域不断拓展，知识经济社会由于分工制约因素对分工演进的束缚或缓解或不复存在，报酬递增可以得到最大限度的释放"（周健生和陶爱萍，2009）。相关研究成果（白小虎，2000，2011；陆立军和杨海军，2007；陆立军和王祖强，2008）基于专业化和分工的思想，为揭示专业市场及以之为中心的跨区域分工协作网络得以不断扩展的内在机理提供了充分的理论依据，尤其在交易费用和信息外溢等方面对专业市场报酬递增机制的产生及其对经济运行机制效率的提高作了有益的探讨。然而，目前针对专业市场报酬递增机制和根源的研究明显不足，尤其是在微观原理上缺少足够的理论解释。本章基于理论与实证的分析，尝试性地从微观层次探讨了专业市场报酬递增机制和根源的内在机理。

第一节　专业市场的报酬递增生成机理

从经济学史看，无论是发端于亚当·斯密（1776）的专业化分工思想，还是阿林·杨格（1928）对其分工思想的继承和拓展："有保证的收益递增依赖于劳动分工的演进"，以及阿尔弗雷德·马歇尔（Alfred Marshall，1890）开拓性地以外部性为基础来分析报酬递增的理论，无不体现出报酬递增与知识积累具有密不可分的逻辑关系，这也由此成为现代不同派别报酬递增思想理论的契合点。但是，如何将上述理论与方法运用到对新型专业市场的产生、发展的研究之中，目前在学术界尚是一个薄弱环节。为此，后文拟就此作一分析。

知识积累是一种社会活动（Uzawa，1965；Lucas，1988）。知识积累在经济利益的刺激下不断诱发生产转换边界的扩大以寻求最优的生产方式，市场中的经营者则基于新型技术进行最优化决策以寻求更多经济利润。专业市场"商品集"规模效应的存在和特有的制度安排使风险率相同的情况下成本降低，从而加速了这一过程。基于知识因素所产生的报酬递增与专业市场发展之间似乎具有天然的联系。

报酬递增是新增长理论的核心观点，新增长理论假设经济增长只依靠资本积累（包括物质资本、人力资本、知识资本）驱动，重视知识资本的"跨期外部性"。第二代新增长理论开始重视技术进步对经济增长的决定作用，强调创新对报酬递增产生的重要意义。专业市场的聚集效应所引发的投资协同效应，会衍生大量相似或相关企业，依据阿罗（1962）的"干中学"模型和卢卡斯（1988）的人力资本溢出模型，厂商通过积累生产经验和相互之间学习，使人力资本水平得到提高。专业市场的分工协作网络是社会资本的主要载体，为罗默（1986）所强调的生产经验、技术、销售信息等知识的溢出效应提供了有效的路径。专业市场聚集了大量相同或相关类别产品的交易主体，周围吸引、积聚形成大量的相关产业网络，产生了外部性（Porter，1990），即形成了一种良好的竞争强化机制，专业市场激烈的竞争促使生产企业不断加大产品和技术创新的力度。专业市场分工协作网络通过"干中学"、知识和人力资本的溢出效应、研发创新带动经济整体的技术进步，实现整个经济系统的规模收益递增。收益递增驱动专业市场的产业网络规模不断拓展，网络规模外部性的扩展一方面增加"干中学"、知识和人力资本的溢出效应，促进技术知识积累；另一方面也增加企业的经济利润，厂商就会有充足的资金投入到新技术、新产品的研发之中。技术进步使产品异质性得到提高，从而使销售方面有更多的优势，又进一步推动专业市场规模及辐射范围的拓展，如此循环形成报酬递增的正反馈机制。

20 世纪 80 年代，以罗森（Rosen）、贝克尔（Becker）和杨小凯（Yang）等为代表的新兴古典经济学派的经济学家，掀起了一场利用现代分析工具复活古典经济学的思潮。他们运用超边际分析（infra-marginal analyses）与库恩·塔克求角点解的方法，将斯密的分工思想沿着杨的思路形式化。杨小凯等利用超边际分析来解释报酬递增，认为经济增长会随着劳动分工的自发演化而不断推进，经济增长是以分工内生化为基础的报酬递增过程。杨小凯和博兰（1991）证明，内生比较优势[①]可能随分工的逐渐演进而演进，而且内

---

① 杨小凯（1990）、杨小凯和博兰（Yang, Borland, 1991）以及杨小凯和威尔斯（Yang, Wills, 1990）证明，如果事前相同的个人选择不同的专业化水平生产不同的产品，只要专业化报酬递增，就可能存在比较优势。因此，杨小凯和博兰（1991）称这种取决于个人专业化水平和相应决策的生产率差异为内生比较优势。

生比较优势的演进是加速知识积累和生产率内生进展的动力。杨小凯和黄有光（1999）将经济组织看作专业化所带来的报酬递增和交易费用两难冲突的均衡，强调交易费用对经济组织均衡的拓扑性质的重要意义。

分工通过专业化生产的熟能生巧，加速对知识积累和技能的改进，生产效率进一步提高，从而使经济增长率逐步提高。高效率的专业市场通过降低交易费用使得分工不断细化：专业市场的专业化交易网络作为交易活动在空间集聚的现实载体，拥有强大的需求聚集效应，降低了生产厂商与购买者的搜寻成本；专业市场的规模效应降低了分工所面临的不确定性，这为应对"里昂惕夫需求"中的波动需求提供了有效的路径；大量相同或相关产业的发展为企业发展所需的人力资本、专业技术等提供了保障，降低了转换成本。上述三方面大大降低了交易费用，促使分工不断深化，分工的累积效应促使专业化水平提高，促进知识的积累和技术的不断进步。并且，在一个动态均衡模型里，这种分工的演进可能在缺乏交易效率外生改进时自发地产生。专业市场规模的扩大是分工不断深化的动态过程，市场规模扩大所带来的范围经济、规模经济、联结经济，促使交易效率进一步提高，基于专业化的劳动分工则通过提高专门知识积累的速度，以及提高人们获取技术性知识的能力，促使专业市场产生报酬递增。

第二节　基于知识积累的新型专业市场报酬递增

资本品生产的专业化分工水平决定着技术知识积累的速度，分工深化程度取决于信息水平和全社会的知识存量（Gary S. Becker，Murphy，1992）。正如斯密（Smith，1776）、施蒂格勒（Stigler，1989）提出的"分工受市场范围限制"的斯密定理，以及杨格（1928）提出的杨格定理，即"分工与市场互动"，物质资本生产方式与经济形态在专业市场专业化交换活动演进和组织创新的进程中不断高级化，知识创新是专业市场发展的结果。"干中学"、知识和人力资本的溢出效应以及技术创新产生知识资本的"跨期外部性"，分工促进知识积累的内生。在此分析基础上，知识积累、报酬递增与专业市场整个演化博弈系统的演进似乎是一种混沌行为①，而知识积累成为关键的信号变量。

一、知识积累：专业市场报酬递增产生的根源

知识积累（人力资本存量）决定着实用技术水平（Paul Romer，1986；Lucas，1988；Rebel，1991；Uzawa，1965），实用技术水平是专业市场避免出现物质资本生产边际递减的关键性因素。资源的稀缺性意味着伴随物质要素在经济活动中投入的增加，产出的增量会不断缩减，知识的特性使知识资本作为要素的投入对产出构成正反馈效应。借助带有知识投入要素的柯布—道格拉斯生产函数可作以下推理：

柯布—道格拉斯生产函数（便于讨论，假设生产过程中所投入的劳动与资本可以相互替换）：

$$Y(t) = AK(t)^{\alpha+\beta}g(t)^{\gamma-1}$$

两边分别求导：

$$Y'(t) = A(\alpha+\beta)K(t)^{\alpha+\beta-1}K'(t)g(t)^{\gamma-1} + AK(t)^{\alpha+\beta}(\gamma-1)g(t)^{\gamma-2}g'(t)$$

$$= AL(t)^{\alpha}K(t)^{\beta}g(t)^{\gamma-1}\left[(\alpha+\beta)\frac{K'(t)}{K(t)} + (\gamma-1)\frac{g'(t)}{g(t)}\right]$$

$$= Y(t)\left[(\alpha+\beta)K_g(t) + (\gamma-1)g_g(t)\right]$$

即：

$$Y_g(t) = (\alpha+\beta)K_g(t) + (\gamma-1)g_g(t)$$

其中，γ 表示创新指数，且 $\gamma > 1$；$Y_g(t) = \dfrac{K'(t)}{K(t)}$ 表示产出增长率，$g_g = \dfrac{g'(t)}{g(t)}$ 表示知识创新的累积增长率。由此可以看出，产出增长率与知识的投入率呈正相关，而以网络为基础的知识资本的"跨期外部性"、不同基础类

---

① 混沌又称为蝴蝶效应，对于初始的条件非常敏感，目前尚无通用的严格的定义。一般认为，一周期信号输入某一确定的系统产生的貌似随机的信号，这种信号具有无穷嵌套和内秉随机性。混沌理论认为，一切系统的行为都是动态演化的，既不会总是稳定有序，也不会总是混沌或无序；在某一层次或某一部分是稳而有序的，而在系统的其他层次或其他部分又可能是混沌或无序的。

别知识的可兼容性以及专业化分工过程中知识的累积效应，使得知识要素的投入呈现出产出增量的递增，这说明了知识积累在经济活动中无时无刻不体现出报酬递增的微观机理。追求最大化的利润增长率是知识创新的根本推动力（蔡晓月，2009），但是面临着风险系数较大的市场经济环境，专业市场交易活动的专业化和组织化提供了一定的可靠性条件，为知识创新的内生和积累提供了保障，知识积累在以专业市场为中心的混沌体系中"无穷嵌套"，这在专业市场交易组织的创新和秩序的扩展中得到了体现。

二、专业市场的扩展：基于知识积累的报酬递增

对熊彼特式增长模型（菲利普·阿吉翁、彼得·霍依特，2004）稍做修改，可以分析基于知识积累的报酬递增如何促进专业市场分工网络[①]的扩展。（1）为了便于理解，本书对知识积累用创新活动结构的异质性来做以下区分：假定研发是基础创新；由于"干中学"、知识或人力资本溢出效应是新技术知识的重要来源，将由此产生的知识积累与技能提高称为次级创新。（2）经济活动中投入与产出的规模报酬系数为 β^r。综上，熊彼特式增长模型 t 时刻总产出为：

$$Y_t = \int_{-\infty}^{t} \beta^r \lambda^r H^r A_\tau Z_{t-\tau} (x_{t-\tau})^a \mathrm{d}\tau = \int_{-\infty}^{t} Y_{t,\tau} \mathrm{d}\tau \qquad (4.1)$$

参数 a 在 0 和 1 之间，$Y_{t,\tau} = \beta^r \lambda^r H^r A_\tau Z_{t-\tau} (x_{t-\tau})^a$ 表示使用中间品 τ 生产最终产品的总产出。新发明产品的质量为零，质量提高的速度取决于次级创新的传播速度，用 LBD 表示，则：

$$Z_0 = 0, \text{和} \frac{\mathrm{d}Z_a}{d_a} = \text{LBD} = \int_0^{\infty} \beta^r \lambda^r H^r \lambda^d (x_s)^{1-v} \mathrm{d}s \text{；} a > 0 \qquad (4.2)$$

上述模型中，H 为固定的劳动人数；H^r 表示研究者存量或研究水平；时间偏好率 r 为常数；τ 为发明的新中间品；λ 为每个研究者发现基础创新的泊松抵达率，是一个外生参数；λ^r 为发现新产品的概率；$\beta^r \lambda^r H^r$ 表示

---

① 以专业市场为中心的分工网络体系，包括例如交易集群、运输集群、制造集群等其他专业化部门。专业市场从某种意义上讲也是区域经济的一种产业组织（白小虎，2008）。

74

新产品流；A_τ 表示 τ 时刻一般性知识的状态；x_a 为生产年龄为 a 的中间产品的劳动投入；Z_a 为产品的质量；次级创新在每个企业发生的速度为 $\lambda^d(x_a)^{1-v}$，λ^d 表示次级创新生产力，且 $0 < v < 1$。

　　图 4-1 所描绘的波形可以初步表示产出的结构：基础创新研发出的技术成果开辟了新的生产线，驱动经济增长，带动整个图形向右移动；次级创新即"干中学"、知识和人力资本的溢出效应使工人的技术知识水平提高，进而提高了劳动生产率和产品的质量，使靠近新技术的图形上移；位于图形最左端的生产线由于技术落后、利润率太低逐渐被淘汰。整体来看，知识积累的增加驱动并带动了整个经济系统生产力的提高，使整个图形在不断右移、上移过程中，面积慢慢扩大。基础创新与次级创新对报酬递增的产生都具有关键性的作用。基础创新驱动着报酬递增的产生，而次级创新使报酬递增成为现实并对其形成的范围体系和经济强度起着推动作用，基础创新和次级创新是相辅相成的。

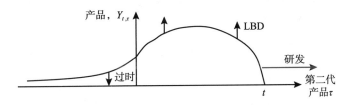

图 4-1　t 时刻产出在不同代生产线的情况

　　由此可见，H^r 和 LBD 这两个因素对于专业市场报酬递增机制的建立缺一不可，知识积累所产生的收益递增足以抵消其他物质要素导致的收益递减，成为专业市场分工网络扩展的本质所在，而式（4.2）进一步体现了 LBD 与 H^r 的正相关变化关系，这说明知识创新是知识积累过程中报酬递增产生的关键性因素。在区域经济的层面上，报酬递增规律表现为一种聚集经济性。当以专业市场为中心的区域聚集的企业规模化并形成一定的分工协作网络时，会产生积极的网络外部性（Ecnomides，1993）效应。专业市场交易活动的专业化和组织性提高了交易效率，进而使具有拓扑性质的分工网络更密集，并在空间上得到适度的集聚。网络外部性具有的知识递增性和成本、风险递减性，促进专业市场分工协作网络的规模拓展和规模生产（Romer，1987，1989，1990；S. Becker，Murphy，1992）。网络外部性产生的经济利益将会惠及专业市场组织中的各个经济主体，实现利益均衡并获得追加利润。

随着专业市场秩序及以之为中心的跨区域分工协作网络的扩展，LBD传播速度加快，专业化分工和迂回生产过程中知识的累积效应尤其 H^r 水平增强，并且以此分工网络为载体的社会资本成为知识积累的渠道和"孵化器"，知识积累（技术）的自强化机制（W. Brian Arthur，1989）形成。基于知识积累的报酬递增使专业市场形成的具有一定优势的"锁定"效应的良性循环，以及由此引发的对其跨区域分工协作网络的正反馈效应，将会进一步激励知识积累，促使新型专业市场报酬递增机制建立。

新型专业市场体现出各个经济主体（尤其是大型企业）积极致力于产品研发，企业研发中心与高等学校、权威科研机构等相互合作，承担科研项目等良好的区域创新活力，并伴随一定的技术外溢性。专业市场形成报酬递增机制的 H^r 和 LBD 水平，会呈现出最优生产力学习曲线的性质（见图 4 - 2），而"持续的新的和陡峭的学习曲线就产生了我们所谓的经济发展"（Erik S. Reinert，2007）。

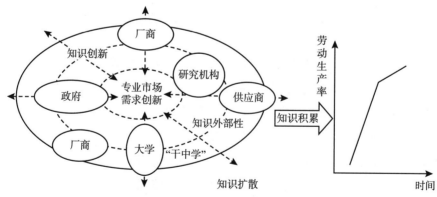

图 4 - 2　专业市场分工网络报酬递增的生成

第三节　案例分析：以"中国小商品城"为例

市场运行的质量如何，应当基于能否不断地引发报酬递增经济活动的产生（杨虎涛，2011），而不能纯粹地以市场收益率来作为评价标准。如果说改革开放以来我国的专业市场主要是靠独特的体制和货源优势而发展起来的，那么，未来经营模式和产品技术的创新已然成为新型专业市场生成、扩展的基本动力支撑。浙江义乌"中国小商品城"是全球最大的小商品市场，义乌也有着"世界小商品之都"的美称。1991 年，以 10.25 亿元成交额居中国十大市场之首，《数字义乌——2021 义乌国民经济和社会发展概况》显示，2020 年义乌商品市场成交额增至 1884.8 亿元，2021 年集贸市场成交额达到了 2172.1 亿元。义乌市场从"鸡毛换糖"到"世界超市"，成为全球日用消费品生产贸易价格变动的"风向标"和"晴雨表"。义乌庞大的市场网络、先进的经营理念和成功的商贸运营模式，对我国其他地区商业中心的升级和区域经济发展的提升，发挥着积极的推动和借鉴作用。2021 年，义乌入选首批全国商品市场优化升级专项行动试点名单，这意味着通过试点的实施，义乌小商品市场的营商环境将会进一步优化，对核心原材料、产业技术等关键要素的培育和集聚更加有力，市场链、产业链、供应链体系将会更加协同。

一、义乌小商品市场的演进与拓展

笔者所在的课题研究组先后于 2011 年 8 月、2013 年 5 月以及 2020 年 5 月在义乌开展了大规模问卷调查。其中，2011 年 8 月共向义乌"中国小商品城"市场经营户、国内外客商、市场管理者，以及相关行业协会、驻义商会等累计发放问卷 13000 份，实际回收有效问卷 11765 份，有效率为90.5%。问卷调查（见表 4-1）结果显示：高层次人才缺乏、资源（尤其是土地）瓶颈、行政管理体制及运行机制不完善，是制约当时义乌小商品市场发展的主要因素。

表4-1　　　　　　　　制约义乌小商品市场发展的主要因素　　　　单位：%

主要制约因素	比重			
	经营户	管理者	行业协会	商会
高层次人才缺乏	35.21	59.48	61.75	77.78
资源（尤其是土地）瓶颈	34.18	59.05	70.5	66.67
行政管理体制及运行机制不完善	28.21	43.97	40.98	27.78
出口一头独大，进口增长缓慢	21.33	29.74	24.04	27.78
电子商务的影响作用不明确	19.27	37.5	30.05	30.56
其他	11.72	0	0	0

注：表中对于单项选择题的统计数据均采用有效百分率。由于多项选择题的相关比重之和会大于100%，本书只进行被调查者对相关选项的总体排序。为获得不同类型被调查者对同一问题的统一判断结果，必要时本书对相关数据作了等权加总处理并排序，特此说明（表4-2、表4-3、表4-4相同）。

问卷调查（见表4-2）结果还显示：从经营户角度看，义乌小商品市场未来主要应该依靠品牌、创意设计、低价优势、规模、产业与市场互动以获得更好发展，其次是各类人才、展会与市场互动、新生代商户、差异化、总部经济；从国内客商角度看，应首先注重创意设计、低价优势、品牌、规模、产业与市场互动。尽管二者的意见有所差异，但他们都肯定了品牌和创意设计的首要性。

表4-2　　　　　　　　义乌小商品市场未来的发展依靠　　　　单位：%

发展依靠	比重	
	经营户	国内客商
品牌	47.79	37.1
创意设计	35.25	42
低价优势	32.1	40.17
规模	31.28	32.12

发展依靠	比重	
	经营户	国内客商
产业与市场互动	30.82	25.6
各类人才	23.53	18.31
展会与市场互动	20.92	22.05
新生代商户	14.6	13.33
差异化	11.48	22.05
总部经济	5.77	9.68
其他	2.88	1.25

从对经营户的调查来看，大多数经营户认为其所经营商品的最大优势依然是质量、价格和产品特色，而技术水平优势尚未形成（见表4-3）。

表4-3　　　　　市场经营户所经营商品的优势所在　　　　单位：%

经营商品最大优势	价格	质量	品牌	技术水平	产品特色	销售渠道	其他
比重	45.58	59.64	13.38	7.82	27.24	7.27	3.02

市场经营户经营管理水平及其所经营产品生产技术是一种自我进化的演绎机制，在某种程度上取决于市场规模的扩大与其产业链条迂回生产之间的相互作用。小商品市场需求的灵敏性，加上其所嵌入经济网络的资源共享性，使得小商品市场以市场需求创新为导向带动整个交易组织或分工网络的互动，其中的产品设计、生产、销售等各个网络节点形成很好的互补性。知识积累的自强化机制就是衍生在分工网络中各行为主体的经济活动，报酬递增产生的逻辑起点也伴随其中。在品牌影响力的累积过程中，产品研发处于核心地位，表4-1与表4-2中所反映的结果也体现出专业市场推动知识型经济形态发展以提高适应能力的迫切性和必然性。在此背景下，企业意识到

需要转型的危机感，同时，义乌市政府积极引导企业完善自主创新的机制，打造、融合和扶持科研创新平台。2012 年全市专利申请量 6568 件，同比增长 47.9%；专利授权量 5117 件，同比增长 66.8%，其中发明专利 84 件，同比增长 20%，专利授权量累计达 20171 件。[①] 这样，在以小商品市场为中心所构架的贸易商与生产者的经济网络（包括第三方科研机构）中，知识累积效应尤其是 H^r 水平明显提高。知识积累深层次体现出的是市场与产业结构相互作用、协同演进的必然逻辑，最终在经济活动的网络效应中表现为抑制资源稀缺性产生的报酬递减，提高经济产出效能和资源配置效率。2013 年 5 月针对义乌小商品市场经营户开展的调查，共回收有效问卷 4320 份。调查结果与 2011 年相比，比较明显的变化是，在经营商品所具有的优势方面，认为是技术水平的经营户增长至 9.3%，认为是品牌的经营户增长到 14%。2020 年 5 月的调查数据显示，从对市场商户的调查结果来看，市场经营户认为其产品质量优势、价格优势以及产品特色的优势占比均有所提高，认为具有品牌优势的商户占比提高至 28.7%，但具有技术水平优势的占比依旧较低，为 8.33%（见表 4 - 4）。

表 4 - 4 　　　　　　　　市场经营户所经营商品的优势所在

经营商品最大优势	价格	质量	品牌	技术水平	产品特色	销售渠道	其他
比重	53.7	67.59	28.7	8.33	32.41	17.59	3.7

资料来源：笔者所在课题组于 2020 年 5 月对义乌市场商户及外贸主体共发放调查问卷 300 份，实际回收有效问卷为：市场商户有效问卷 108 份，外贸主体有效问卷 93 份，二者分别统计。

二、问题与思考

以义乌小商品市场为核心的跨区域分工网络，即"义乌商圈"中报酬递增机制的建立，是合乎逻辑的内生过程：一方面是专业化分工演进的必然

---

① 数字义乌——2012 义乌国民经济和社会发展概况［EB/OL］．义乌政府门户网站，2013 - 03，http：//www.yw.gov.cn/art/2013/3/22/art_1229137466_50692859.html.

结果，另一方面是交易网络空间集聚的"外部性"所导致的。报酬递增与知识积累的逻辑起点是一致的，而就目前的情况而言，基于产品创新所产生的巨大利润弹性空间尚未很好地释放。当前，我国专业市场经营户及其分工协作网络主要以中小企业为主，经营主体规模普遍较小，现代经营意识和创新能力不强，经营业态和商务模式创新升级缓慢，设计生产、品牌创新能力不足。市场中存在着大量简单模仿、缺乏技术含量的低附加值产品，这成为提高专业市场整体竞争力的难点。尽管也存在部分实力较强、技术领先的大型知名企业，但他们很少愿意把自己的专利和技术转让给区域内部的其他企业，产业技术外溢性不强，使集群整体的创新不足、技术水平较低。2013年5月的问卷调查结果显示，从经营者的角度看，认为其经营产品具有的技术水平处于行业平均的占57.5%，认为技术水平处于国际领先和国内领先的分别仅占4.2%和9.8%（见图4-3），这正是影响市场品牌建设的关键。此外，对于市场经营户而言，按照赞同度的高度，最想获得的帮助与服务依次是：专业技能培训（36%）、市场信息服务（28.7%）等。2020年5月的调查数据（见表4-4），同样反映了义乌市场的技术短板问题仍旧突出。正如《义乌市2021年政府工作报告》所指出，义乌目前仍然存在科技、人才等创新支撑不足，产业发展总体仍处于中低端水平的现实困境[①]。义乌小商品市场作为全国较为发达的典型专业市场[②]，其数据很具有代表性，在很大程度上表明我国大部分专业市场所在区域经济的 H'、LBD 水平长期处在较低阶段。

如果区域协同分工网络存在进一步深化分工协作的潜力，经济增长率就会递增。我国的基本国情决定了市场经营者管理水平和产品生产技术水平不高，交易组织主体还不成熟，这导致以市场流通网络为中心的跨区域分工

[①]　二〇二一年政府工作报告［EB/OL］. 义乌政府门户网站，2021-02，http：//www. yw. gov. cn/art/2021/2/8/art_1229187636_59235199. html.

[②]　义乌"中国小商品城"市场被联合国、世界银行与摩根士丹利等机构称为"全球最大的小商品批发市场"。《数字义乌——2021义乌国民经济和社会发展概况》显示，2021年，"中国小商品城"市场全年成交额为1866.79亿元，同比增长14.77%，连续31年居全国专业市场榜首。在第12届中国商品市场峰会上首次发布的"中国商品市场十大数字化领跑者"榜单中，义乌"中国小商品城"市场位列榜首。

协同网络在空间上并没有实现有效的集聚。分析至此，表4－3、表4－4、图4－3的结果以及义乌市场近年来发展的现实①，很好地说明了义乌市场H'水平近年来长期处于熊彼特增长模型（见图4－4）中最高增长率的内侧（A_1曲线），提高H'水平必然会导致经济增长率提高；义乌市场利润还存在较大的增长弹性空间，它迫切要求为知识创新注入新的动力。需要引起注意的是，一般性技术人才主要通过次级创新在最终产品生产方面作用于经济活动，高层次人才则主要通过基础创新驱动经济增长，对报酬递增的产生起着核心作用。表4－1所反映的是高层次人才缺乏束缚了专业市场创新型经济活动的开展，并会因循环因果积累机制形成低端"路径依赖"。而资源瓶颈问题日益凸显，迫切要求我们摆脱"逐底竞争""比较优势的陷阱"等传统思想，着力转变以劳动密集型为主导、投资驱动的增长模式，增加知识要素在经济活动中的投入。

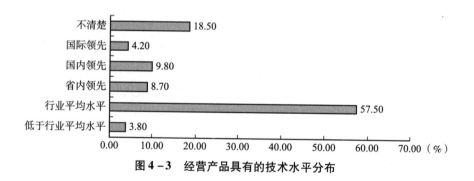

图4－3　经营产品具有的技术水平分布

---

① 《数字义乌——2021 义乌国民经济和社会发展概况》显示，2020 年，义乌全社会 R&D 经费支出 20.1 亿元，全社会 R&D 经费支出相当于地区生产总值的比重为 1.35％。企业 R&D 经费支出相当于营业收入的比重为 2.55％。《中华人民共和国 2020 年国民经济和社会发展统计公报》显示，我国全年研究与试验发展（R&D）经费支出 24426 亿元，与国内生产总值之比为 2.40％。可以看出，义乌全社会 R&D 经费支出占国内生产总值的比重与全国整体水平有着不小的差距。

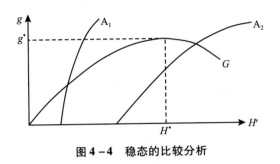

图 4 - 4 稳态的比较分析

第四节 本章结论与启示

一、本章结论

本章作为在微观层次探讨专业市场报酬递增机制的一个尝试，得出以下几点结论：（1）专业市场跨区域分工协作网络与以之为途径的知识积累自强化机制之间的"循环和累积因果关系"，是专业市场报酬递增机制产生和释放的根源所在。（2）报酬递增作为专业市场通过秩序扩展与技术知识进步获取的潜在利益的机会，使得专业市场经济个体实现利益均衡并获得追加利润。（3）知识要素作为专业市场经济活动"投入"与"产出"过程中报酬递增产生的根源，没有得到应有的重视，因此尚存在较大的利润增长率增长弹性空间。（4）H^r 和 LBD 是专业市场报酬递增机制产生的基本要素，H^r 是核心，建立基于新兴熊彼特式增长理论的知识型与创新型的经济形态的新型专业市场，是未来发展的关键。

二、本章启示

通过知识的积累，能够形成专业市场集群创新的有效机制，促使集群内部经济主体不断学习，而创新型企业的力量与行为主体的合作行动决定着专业市场未来的发展。知识经济时代，知识技术水平已成为经济增长的核心要素。在国内面临"需求收缩、供给冲击、预期转弱"三重压力，国际面临贸易保护主义抬头、新冠肺炎疫情影响持久等复杂多变的外部环境和严峻的发展形势下，专业市场应通过将报酬递增的正反馈机制转变提升为知识型经济活动的高端"路径依赖"，进而为新型专业市场的发展提供内在持久的动力机制。鉴此，特提出如下对策建议：

首先，要推进专业市场经营主体结构的更新，以适应现代化发展进程。随着现代市场经济的迅猛发展和经济全球化的加速，专业市场经营主体的结构性矛盾日益凸显。"义乌试点"的探索之路，并不只是义乌市场本身的改革与转型，它反映出的是中国专业市场的形态与结构重塑，是对当今经济发展所面临瓶颈的突破。专业市场要把握住经济环境发展变化中的机遇，努力在市场形态、经营业态、市场功能定位和市场拓展等方面开展积极探索，依靠市场的创新，变更旧的市场形式、企业经营模式，推动专业市场创新型经济形态的发展，而实现这一变革的重要前提是促进市场经营主体结构的更新，如着重发展工业设计、文化创意和创新营销渠道等增值环节，把专业市场打造成引领世界商贸潮流的文化创意与研发、销售中心。

其次，优化人力资本结构，培植位于价值链高端的产业。位于价值链高端的产业具有较大的生产率改进空间，能够持续地产生高额的利润，并为知识积累、研发创新奠定较高的平台；而位于价值链低端的简单机械的生产经营活动以横向分工为主，不仅产品的差异化程度低，而且产生的低质量产品必然会形成低水平的恶性竞争，使技术进步陷入"死胡同"（dead-end mode）。专业市场所在区域的政府应从更高、更广的角度分析专业市场的长远发展与当地产业与居民等的利益关系，摆脱低端"路径依赖"，跳出"比较优势陷阱"，转变传统的以劳动密集型为主导和投资驱动的"逐底竞争"增长模式。尤其应重视人力资本积累，协调人力资本投资结构，培养和引进一支具有较强研究创新能力的高层次技术人才队伍，增强人力资本对经济活动结构升级的影响力，力求在专业市场周围打造人才、资本、技术密集型的位于价值链高端的产业。

再次，倡导开放式的持续创新，提高区域创新效率。开放式创新意味着企业要充分利用外部知识资源，将世界范围内最大程度可能获取到的最先进的创意和技术纳入自身的创新体系之中，并允许在一定条件下将自身的技术转让给其他企业，进而扩大市场或开辟新的市场。内生报酬递增是一种可以引发长期连锁性技术创新的机制，要求区域内经济主体能产生一定的知识外溢效应，经过分工协作网络的协同效应，使区域内更多的企业技术知识积累增加、技术生产率得到改进。倡导开放式创新，以区域组合创新实现整个价值链创新能力的提升，使区域具有较强的持续创新能力，为专业市场自身品牌的塑造与空间创新奠定基础。

最后，提高行政效率，发挥知识经济中政府的力量。厉以宁曾评价，"义乌能实现'小商品大市场'，重要的一点就是有了服务型的政府"。[1] 专业市场的集群创新离不开自由竞争的市场环境，政府部门应根据情况放松管制。维持市场秩序、协调知识经济社会的有机运行，需要一定外部力量来约束和引导。知识经济所引发的一系列社会基本形态的改变，需要通过政府引导以强化专业市场中各经济主体的创新意识和创新行为：出台扶持政策以支持企业的研究和开发活动，如提高奖励、贴息等；为只接受过中低等教育的人群提供更多更高层次的学习和培训机会；打造官—产—学互动的创新环境，为科研体系建设和知识研发平台提供良好的基础设施条件等。另外，制定相关的法律法规和政策体系，加强对知识产权和专利的保护，推进专业市场中技术知识的扩散与应用的知识价格体系建立等问题，也迫切需要政府提高行政效率，尽快加以改进和解决。

---

① 政府角色转换：从机关办事到驻场服务［EB/OL］. 四川新闻网－成都日报，2013－09－03，https：//news. sina. com. cn/o/2013－09－03/045028115697. shtml.

第五章

专业市场分工网络拓展与全球价值链嵌入

本章的研究不仅局限于微观层次的作为个体厂商的市场行为，更侧重于探究专业市场分工网络中关联产业（产业集群）或厂商之间的相互作用。事实上，由于专业市场的商品种类具有较强的产业关联性，以专业市场为核心的生产分工网络实质上可以看作一个整体的、综合性产业①。本章的边际贡献在于：一是，将新兴古典经济学强调的专业化分工所产生的报酬递增思想与新增长理论强调的知识积累报酬递增思想相结合，深入探究专业市场本地分工网络拓展至国际市场分工的报酬递增生发机制。二是，基于 Becker - Murphy 模型，构建专业市场及其生产分工网络的劳动分工增长模型，探究专业市场分工深化的关键影响因素，即知识积累与协调成本的作用机理。三是，当前学者侧重于对单体企业独立嵌入全球价值链的研究，对于集群企业加入专业市场后抱团嵌入全球价值链以实现"市场强链"战略的研究还存在严重不足，本章为以专业市场为平台的地方性集群企业的"双重嵌入"及其高质量发展提供了一种新的分析视角②。

---

① 如果从专业化市场对产业集群的作用视角来看，专业化市场一般可以分为主要服务单个产业集群的嵌入式市场以及服务多个产业集群的辐射式市场。

② 专业市场中企业嵌入 GVC 的方式事实上是一种"双重嵌入"模式，即在嵌入地方性集群网络的同时抱团整体嵌入 GVC，特别地，在沿海地区的专业市场这一特征更为明显。

第一节 专业市场分工网络报酬递增生发机制

专业市场固有的属性特征和不同地区间制度安排差异所产生的"制度租"（史晋川，2005），顺应了我国商品经济发展的要求，是专业市场分工网络形成的动力源所在。新兴古典经济学认为分工带来的专业化经济与交易费用存在两难冲突，而专业市场这一制度安排形式可以有效地降低交易成本，在市场范围与规模不断扩大、内生报酬递增所带来的收益大于交易费用的条件下，专业市场会因此不断发展。专业市场报酬递增的产生主要源于其强大的集聚效应、分工效应、网络效应以及市场网络演化过程中产生的知识积累。

一、专业市场分工网络报酬递增形成机制

（一）集聚效应

我国专业市场的产生主要源于非公有制商业经济刚兴起初期，小生产者和小商人（包括自产自销的小生产者）为了实现规模经济效益而聚集形成。由于交易平台和销售网络的共享化，专业市场的供需集聚效应以及其接近于完全竞争的市场结构，不仅可以显著降低买卖双方的搜寻成本和交易的不确定性，而且能够为反映真实商品价值和供求关系变化的市场价格机制的形成创造条件，避免价格扭曲造成资源配置的浪费。专业市场供需信息的集聚，一方面促使上游生产环节的产品结构与下游零售业的经营品种相协调，实现消费者需求多元化与生产企业专业化、规模化的统一，促进产品质量提升与功能拓展。另一方面，市场信息的反馈与接近完全竞争的市场机制会促进专业市场相关邻近产品（互补品或替代品）与衍生产品的研发生产，这两个方面共同推动了专业市场生产分工网络的扩展演化。

（二）分工效应与知识积累

专业市场生产分工网络的拓展不仅表现在相关产品种类和数量的增加，也表现在分工链条的延长即生产迂回程度的加深，专业化分工会在一个产品内的各个工序之间进行。在大型专业市场的周围，家庭工业和乡镇企业的兴起使得专业化分工在企业内部和外部不断深化，比如，在浙江一些典型的专业市场周围的家庭工业中，单个家庭通常只从事某个产品的一道工序，而工序之间的分工由市场进行连接，这就促成了以专业市场为依托的、由相似产业所形成的产业集群和具有特色的块状经济。在市场分工网络不断扩大的过程中，产品种类增加型技术进步通过外部性或"边干边学"促进经济增长[①]，复杂生产工艺的分解与新的中间产品则促进了生产技术与工具的革新（Young A.，1993）。因此，专业市场专业化分工网络的深化与拓展，事实上也是其协同生产网络累积专业知识的过程，这会促进较为发达的生产和技术网络的形成。也正因如此，我国大多数成功的产业集群（特别在沿海发达地区的表现更为明显）与专业市场有着不可分割的联系（孙振明、马丁·佩里，2008）。

（三）网络效应

对于整个市场网络的经济主体而言，通过市场分工的不断深化会不断搜寻并发展出更有效率的经济组织形式和业态，专业市场这一制度安排的分工体系会更加完善。当前，一些现代化大型专业市场的分工网络，集聚了研发设计、物流、展厅、代理、仓储、金融、咨询等一系列与市场相关联的上下游配套服务产业，其主要分工网络体系如图5-1所示。由此形成的以专业市场为核心的分工网络体系或制度形式会大幅提升交易效率和生产率，并获得由市场与关联产业空间集聚所形成的规模经济（主要是外部规模经济与信息规模经济）和范围经济的统一，进而促进专业市场商流、物流及信息

[①] Alwyn Young（1993）构建了一个用创新和边干边学解释经济增长的模型，创新表现为消费品品种增加，"边干边学"则体现了创新的溢出效应。

流辐射网络的范围。与此同时，这些因素带来的交易费用的降低会进一步促进分工或迂回程度的深化。当然，现实中不少经济活动迂回生产链条的增加并不一定能提高最终产品的生产率，迂回生产经济效果的体现需要经历风险投资的试错过程。但一般而言，单一企业依靠迂回的方法经营所能够达到的经济程度往往是有限的，当某种迂回方法的优势涵盖专业市场整个相关产业的产出时，迂回方法似乎就会变得可行和经济。专业市场的特征属性在很大程度上帮助了分工迂回过程中有效组织和高分工水平的信息甄别，缩短了搜寻有效分工结构的时间。

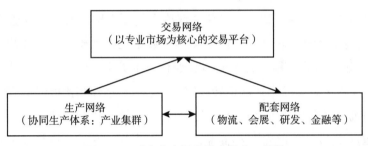

图 5-1　以专业市场为核心的分工网络

二、分工拓展、知识积累与专业市场全球价值链嵌入

近年来，浙江、广东等沿海发达地区的大型专业市场，通过参与全球价值链而获得资本和技术等要素流动所产生的学习机会，收获了全球价值链分工带来的收益积累，这为我国专业市场分工网络在国内价值链的延伸以及产业集群的升级，提高市场整体在国内的领导力并累积性地向全球价值链高端攀升奠定了基础。在参与全球价值链的国际分工体系过程中，专业市场的企业依托市场平台在全球市场进行业务往来和信息交互，市场中的企业可以及时掌握国外购买商和消费者的偏好，包括产品质量、功能需求、材料、价格等国际标准，扩大了专业知识的同时，也可以获得上下游业务的一些隐性知识，专业市场因此可以进一步实现分工的深化和催生更加专业化的细分市场，促进差异化创新能力的形成并由此打造新的竞争优势。依托专业市场，

嵌入全球价值链的地方性产业集群企业可以获得与国外买家（尤其是价值链主导企业）连接的机会，根据国外买方的设计样本进行生产，相应产品类别企业在全球价值链嵌入中学习跨国公司溢出的技术、营销、管理等经验以提升自身的知识积累，然后通过集群知识网络扩散到其他企业，这样以专业市场为核心的集群分工网络便实现了产品和工艺流程的升级。与此同时，随着以专业市场为核心的专业化分工网络的演进，市场网络将会产生技术进步、组织与管理创新以及其他形式的创新性进步，从而使得专业市场报酬递增机制得到更有效的释放和发展。如义乌"中国小商品城"市场先是尝试旅游购物贸易，后逐步探索形成了市场采购贸易方式，并在全国首创市场采购"双抬头"原产地证改革，义乌"双抬头"原产地证签证比例达70%①。同时，义乌在全国首创出口退税备案单证数字化管理模式，按年出口退税60亿元计算，估算一年可为企业节省综合成本近1亿元。同时，义乌创新"中欧＋海铁＋海运"多式联运转口贸易，与公路运输相比可降低25%的运费②。目前，义乌正从人流、物流及资金流等方面全方位推进国际贸易综合改革和创新，以实现世界"小商品之都""改革＋开放、市场＋制造、传统＋新型"的高质量发展道路。

第二节　模型构建：分工深化、知识积累与专业市场分工网络拓展

作为构成新贸易理论逻辑起点的迪克西特—斯蒂格利茨模型（Dixit A.，Stiglitz J.，1977），阐述了生产的规模经济与需求多样化之间的两难冲突问题，资源的稀缺性与商品种类需求的不断细分，会导致产品生产成本的升高，而市场规模的扩大可以兼顾生产效率与商品种类的同时增加。专业市场的分工网络效应通过前向和后向的产业关联而促进相关要素与关联企业的空

---

①②　数字义乌——2021义乌国民经济和社会发展概况［EB/OL］. 义乌政府门户网站，2022 – 04，http：//www. yw. gov. cn/art/2022/4/19/art_1229137466_59309298. html.

间集中，相关度较高产业的供需市场形成"本地市场效应"（Krugman P.，1980），使得专业市场的商品不但在区域内具有较强的竞争优势，而且能够在国家间获得竞争优势，产品需求扩大到世界市场。然而，如果单纯依靠市场网络规模扩张，伴随交易成本的上升，显然不一定能够获得报酬递增。

一、分工深化、知识积累与协调成本

由于以专业市场为核心的专业化分工网络是一系列不同专业领域相互作用的投入产出集合，单个企业、单个部门以及个人会被约束在相对局部的专业领域，分工协作产生分工收益的同时，专业化分工水平的提高会造成对其他专业依赖性的增强。专业分工的"团队"成员通过企业的方式协作，或者依靠合同与市场的形式协作，专业市场分工网络的协作就需要承担企业的组织与管理成本、合同成本，市场上的委托代理、法律规制、信息搜寻、合同执行、谈判等交易成本，以及学习成本，即一般知识以及专业知识的开发和传播，知识的获取、维持及使用需要承担相应的成本，并且知识的获得会比知识的使用需要更高的专业化（Grant R. M.，1996），这些是限制以专业市场为核心分工网络进一步拓展的关键因素。随着专业市场细分产品的不断增加和复杂化，专业化分工程度的提高会导致整个分工网络系统对协调分工的知识、组织程度和制度安排的要求越来越高。当专业市场分工网络各局部知识间由于信息不对称并缺乏有效的沟通时，局部领域知识的相对垄断会导致企业分工网络上各节点间协调成本的上升（汪丁丁，2002）。

需要强调的是，杨小凯和博兰劳动分工模型强调"专业化"而忽视一般性知识的作用（Xiao Kai‐Yang，Borland J.，1991），现代化经济分工中，那些位于全球价值链高端分工环节的国家往往具有较高的一般知识积累，一般性知识积累较低的国家在引进专业性技术后获得的专业化经济效果通常难以充分发挥。可以看出，一般性知识的增加可以促进专业市场分工网络的专业化经济水平提升。同时，专业化水平的提升会激励一般性知识的投资与积累。不过，由于那些经验高度个人化的、难于规范化的隐性知识难于转移和传播，外显知识易于共享但有被潜在买者垄断的风险（潘旭明，2011），市场上不同类型的知识在专业人员之间存在协调失灵的可能性，尤其对于外向度较高的专业市场，其搜寻成本、合同执行成本等协调成本会更高，而且具有更多的不确定性。现代化的专业市场作为组织化程度较高的商品流通网络，其市场制度安排较为完善和规范化，同时专业市场分工网络主要集聚的是同类或相似产品的专业化生产，其较高的知识网络紧密程度有利于企业间的相互信任以及信息资源和知识流动效率的提升，这些因素使得专业市场具有实现分工拓展和专业化经济发挥的特殊优势。

二、模型构建

由于专业市场及其生产分工体系以生产经营同类或相似、相关联的产品为主，假设专业市场上只生产经营一种产品 Y，且生产产品 Y 的所有生产任务被分配在一系列互为协作的工序上，将从事协作分工、相互连接的劳动者视为一个团队。需要注意的是，分工的依赖性既包括专业上（技术性）的协作关系也存在信息性任务的互补关系，比如，研发人员在开发新产品的同时，若能够与从事生产制造环节和市场经营的相关人员进行较为充分的信息协调与沟通，就会提高整体的工作效率。

这里用 Leontief 生产函数表示，即 $Y = \min_{0 \le s \le 1} Y(s)$，$Y(s)$ 指的是第 s 项生产工序的生产率，它等于投入 s 这一生产任务的工作时间 $T_w(s)$ 与单位时间生产率 $E(s)$ 的乘积，也就是 $Y(s) = E(s)T_w(s)$。

为了便于分析，假设专业市场生产分工体系生产产品 Y 的所有工序的难度相同，而且不同分工的依赖程度相当。用 n 表示整个分工团队规模，显然，在团队中各劳动力都专业于一个相等的任务集 $w = 1/n$ 的情况会比较有效率，产品的分工越细，整体的专业化程度就越高，n 就越大。每一道生产工序的产出则由集合的规模和知识积累（用人力资本 H 表示）共同决定，即：$Y = Y(H, w)$，$Y_h > 0$，$Y_w < 0$。收益递增通过设定 $Y_w < 0$ 来实现。

假定单位时间生产率 $E(s) = dH T_h^\theta(s)$，这里 $\theta > 0$ 决定着 T_h（获得某项生产技能的时间投入）的边际生产率，并且一般认为知识能够提高技能投资的时间生产率，即 $\gamma > 0$。劳动者的时间在"学习专门化技能" T_h 与"专门化工作" T_w 两个部分进行配置，则投入第 S 种技能的总时间为：$T(s) = T_h(s) + T_w(s)$。为了实现最大化产出，在不考虑协调成本的情况下，得出的生产函数为：

$$Y(s) = A(\theta)H^\gamma T(s)^{1+\theta} \qquad (5.1)$$

其中，$A = d\theta^\theta(1+\theta)^{-(1+\theta)}$，用来表示技术进步因子。假定每位劳动者在任务集 $w = 1/n$ 的单位工作时间是均匀分配的，每位劳动者分配一单位时间可表示为：$T(s)_w = T(s)(1/n) = 1$，将 $T(s) = n$ 代入式（5.1），由此可知每一道工序任务的团队规模函数为：$Y = AH^\gamma n^{1+\theta}$，单位成员的贡献为：

$$y = Y/n = B(H, n) = AH^\gamma n^\theta \qquad (5.2)$$

由此可知，$\theta > 0$ 的情况下，也就是某一生产技能投资的边际生产率为正时，由分工产生的人均收益 B 与团队规模正相关，产出会随着人力资本以及分工程度的上升而提高。随着专业市场分工网络的不断拓展和生产经营专业化程度的提高，必须将协调成本考虑进来，这时专业市场分工网络的深化程度主要由协调成本和知识积累决定。假设每位成员的总协调成本 C 主要受 n（或 w）及协调方式、区域、产业等外部因素的影响，则 $C = C(n)$，$C_n > 0$。外部影响因素用参数 λ 表示，那么单位成员的净产出可表示为：

$$y = B - C = B(H, n) - C(n) = y_t = A_t H_t^\gamma n_t^\theta - \lambda_t n_t^\beta，B_n > 0，C_n > 0 \qquad (5.3)$$

对 n 进行一阶微分，可知有效规模为：$B_n \geq C_n$，二阶条件为 $B_{nn} - C_{nn} < 0$。若 n 较小时 $B_n > C_n$，且 $n \leq N$，$B_n > C_n$，这种情况下的劳动分工仅仅由市场范围约束，而在 $B_n = C_n$ 的情形下，就会存在最优的 $n^* < N$，那么具有效率的劳动分工则主要受到协调成本的限制。因此，在获得技术进步以及由外部因素决定的协调成本下降的情况下，产出与人力资本的增长率会得到提升。

若劳动者人力资本的知识积累可以提高每位成员的生产效率，同时能够提高整个团队的边际产出，则 $\frac{\partial}{\partial H}\left(\frac{\partial B}{\partial n}\right) = B_{nh} > 0$。然后，对 $B_n \geq C_n$ 的一阶条件进行微分，对 H 的单位成员收入作极大化处理，能够得到：

$$dn^*/dH = B_{nh}/(C_{nn} - B_{nn}) > 0 \qquad (5.4)$$

由式（5.4）可以看出，其的二阶条件为 $B_{nn} - C_{nn} < 0$。由此可知，伴随人力资本或知识积累的增长，专业市场分工网络的团队规模会越来越大，劳动者的技能愈加专业化。

基于贝克尔—墨菲理论（Becker G.，Murphy K.，1992）所建立的专业市场劳动分工与报酬递增模型可以看出，专业市场协同生产分工网络的分工水平由协调成本与知识积累所决定。专业市场分工网络的深化以及分工水平的提高会产生报酬递增，但这同时会导致协调成本的上升，此种情况下 H 对均衡分工水平的作用越来越重要。在专业市场整个分工网络的共同知识与技术水平没有变化的情况下，协调成本的大小就成为分工水平的主要制约因素。如果伴随分工演进所产生的知识积累效应小于协调成本增加的效应，就会导致分工不经济的情形发生。然而，假如知识的积累效应能够弥补甚至超过协调成本上升的效应，随着分工的深化就会产生相应的专业化经济。知识积累的程度取决于专业化分工水平，因此，知识积累与专业化分工之间的关系是相互决定的。基于前文分析，专业市场生产分工网络的报酬递增生发机制见图 5-2。

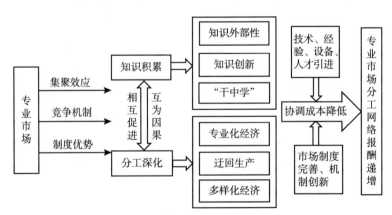

图 5-2 专业市场分工网络报酬递增生发机制

第三节　知识积累、协调成本降低与专业市场
分工网络全球价值链升级

近年来，伴随全球产业分工格局的变迁以及消费需求升级等因素的影响，我国一些主要依靠经营纺织服装、电子数码、小家电、皮革、五金机电、玩具、汽配产品、塑料制品等中低端制造业产品的专业市场，日益受到发达国家制造业回流的"高端制造"与东南亚国家低成本制造的"双重挤压"。在此背景下，通过制度安排的规范化和体制机制创新来促进贸工联动发展，提高专业市场及其生产分工网络一般性知识和专业化知识的积累程度，降低其分工网络组织的协调成本，是专业市场这一制度形式充分发挥其报酬递增机制，培育以专业市场为核心的生产分工网络的产业竞争新优势，提高其在全球价值链中的嵌入地位从而实现长期发展的必然选择。

一、专业市场全球价值链嵌入的"知识锁定"

由上述劳动分工模型可知，专业市场分工网络未来的发展取决于特定企业以及集群整体的知识积累状况，知识积累促进企业更加专业化，进而实现集群分工向更高层次、价值链高端攀升。并且，如果企业具有的知识存量越多、技术水平越复杂，就会推动其能够参与更高层级的价值链分工环节。但是，长期以来，比较优势理论占据着国际贸易的主流思想，源于初级要素、"路径依赖"与技术壁垒等因素导致的价值链低端"锁定"，再加之以专业市场为核心的集群企业在参与全球价值链分工进行跨网络学习以实现技术升级时，易于被外部更高层级网络或成员打压，造成以专业市场为平台的中小企业与发达国家公司在全球价值链分工中的利润分配不对等。外向度较高的市场中多数产品是面向国际采购商，相应的地方生产集群倾向于发展为跨国公司的海外制造基地，这些产业仍是以简单的生产制造环节参与到全球价值链之中，主要为国际采购商提供加工或者贴牌生产（Original Equipment

Manufacturer，OEM）的经济活动。因此，根植于地方产业集群的专业市场普遍存在"逐低"和"被俘获"现象①，具体原因如下：一是协同产业集群的路径依赖。以专业市场为核心的生产企业由于对其网络节点和关系的"过度嵌入"，造成知识获取机制与知识结构位置的路径依赖，其技术路线和知识学习方式会遵循既有的网络渠道进行自我强化，比较难于转换为更高级、更优的价值链或知识网络。二是市场的依赖性。为了规避国际市场存在的市场准入壁垒以获得市场准入资格，不少专业市场企业通过代工或者采购合约等途径嵌入全球价值链网络。三是对于地方性专业市场及其关联的产业集群，以地缘联系形成的"家族化"和"本地化"社会信用网络会表现出一定排他性。以上三个因素使得专业市场生产分工网络的内部缺乏市场最新知识和高端要素流动，分工深化的"协调效应"受约束而导致集群的学习效应和技术创新能力被削弱。

二、知识积累、协调成本降低与专业市场全球价值链攀升

为了突破知识的低端锁定，必须改进和优化专业市场分工网络协调分工的方式和机制，注重外部网络尤其是全球价值链中信息和技术资源的吸收，依托专业市场分工协作形成的知识网络进行学习并降低相应的成本，通过网络知识的学习、整合和创新来推动专业市场及其协同产业集群的价值链联动升级。产业层面，推动以专业市场为依托的产业集群知识网络与全球价值链的相互作用以获得知识进步，吸引和利用全球价值链中流动的资金、人才、技术等高端要素，积极推动集群与全球价值链中的主导企业进行合作与交流，提升产业集群的技术平台水准，努力实现"干中学""学习模仿"向"学习创新""研发中学"的转变。企业层面，需要充分利用本地市场及产业集群知识网络来完成工艺、技术和产品等方面的升级，与此同时，敢于突

---

① 我国地方型专业市场中低价竞争的现象较为普遍，这导致不少市场难以实现产品质量和产品结构的转型升级，使得市场经营者在全球贸易中处于较为不利的被动局面，甚至在全球价值链中面临"低端锁定"的风险。

破集群内部关系网络的锁定，在参与全球价值链过程中要积极拓展高端客户关系资源、知识信息等软性要素，在获取外部新知识后进行探索型学习，结合自身基础和市场需求从技术、产品和管理等方面不断创新，提高自主研发能力以获得异质性的核心知识与能力。市场层面，充分利用新的市场机会和市场空隙，形成"研发—设计—制造—展示—销售"为一体，技术链、产业链与市场链协同发展的综合竞争优势，加大对企业家资源的拓展与培育，注重生产、贸易标准的制定及品牌化发展，同时推动以专业市场为载体的会展平台以及跨境电商等现代营销渠道在全球价值链的嵌入，提高其在全球分工中的地位，从而促进专业市场及其生产分工集群向全球价值链"微笑曲线"的两端攀升。政府层面，专业市场及其相关联产业集群分工网络中知识的共享和交流依赖于组织知识以及制度成本的改进。因此，应加强公共服务、公共设施的供给，健全市场法制、产权保护与激励机制，打造优良、开放的营商环境，加大对面向中小企业的创新服务平台和创新服务体系的投入力度，注重政府与企业、高校、科研机构间的合作机制创新，通过市场和服务体系的完善，降低专业市场分工网络的制度或组织成本。

第四节　本章结论与启示

一、本章结论

本章的研究得出以下结论：（1）专业市场发轫的内在原因是源于地区本身原有的资源优势，市场经济活动的集聚和规模的扩大能够促进该地区的产业联系和增强外部经济，但其从区域性市场到全国性市场、由国内分工向国际分工演进的根本原因在于，市场网络拓展过程中分工深化与知识积累的相互作用及其产生的报酬递增机制。专业市场分工网络专业化程度加深会促进知识积累，市场主体对创新、技术研发等知识投资的激励又取决于专业化水平。（2）专业化分工与知识积累的动态相互作用，使得专业市场分工网络持续发展并获得贸易成本趋低、报酬递增和出口竞争优势，但专业化分工水平的提升会导致协调成本的增加，而通过知识积累则可以降低专业市场分工网络的经济协调成本并提高专业化的收益。（3）知识积累内生地由新技术、基础研究以及人力资本的投资决定，在知识积累存量固定时，专业市场网络组织会存在一个特定条件下最优的分工水平。通过知识的交流、共享和运用能够有效提高知识积累和技术进步，其效果依赖于组织知识、制度知识的改进，相应组织规则、制度安排的完善创新以及分工网络协调成本的降低。分工演进和知识积累的过程在逻辑上是统一的，特定知识积累过程中企业间的协作、学习和创新是实现专业市场分工网络整体向全球价值链高端攀升的根本途径。

二、本章启示

当前，全球价值链的不断延展和细分在很大程度上为发展中国家产品升级和技术进步提供了机遇，但不可否认，全球价值链是不同要素密集性质的各个环节之间的分工，发达国家依靠其技术、品牌、营销网络和研发设计等稀缺高级生产要素，控制着全球价值链的中高端环节。随着贸易的动态演进，传统比较优势理论以技术水平、规模报酬不变为外生条件的静态假设，已经与当今要素流动日趋频繁、国际分工不断加深的发展现实不相匹配，我国专业市场需要在新的外部环境与技术条件下探索价值链攀升的路径。以专业市场为平台的企业抱团嵌入全球价值链，对其生产分工体系形成较为发达的生产和技术网络提供了十分有益的条件。

本章的启示如下：第一，必须改进和优化专业市场分工网络协调分工的方式和机制。通过完善市场制度安排以及创新体制机制以降低市场分工网络的协调成本，是专业市场网络分工深化与知识积累形成良性互动的重要保障。第二，注重对市场外部分工网络，尤其是全球价值链中前沿信息、先进技术等资源和高端要素的吸收。同时，依靠专业市场分工协作所形成的产学研知识网络的学习、交流、溢出等途径，有效提高专业市场分工网络专业化知识和一般性知识的积累程度。第三，通过对分工网络知识的学习、整合和创新来推动专业市场及其协同产业集群的价值链联动升级，充分发挥专业市场这一制度形式的报酬递增机制作用，提高其在全球价值链中嵌入的地位，从而实现长期发展的内在要求。专业市场与其相关联的地方性生产集群能够通过构建更加开放的分工体系来嵌入全球价值链和全球创新网络，实现地方性集群企业、全球价值链和全球创新链之间的协同发展，进而促进专业市场生产分工网络在全球价值链的攀升及其外贸发展方式的转变。

第三部分

"专业市场+电子商务"及其
制度演进研究

专业市场与电子商务的融合发展是新发展格局下专业市场高质量发展的重要内涵特征之一，二者的融合发展对畅通双循环、构建新格局，以及推动市场高质量发展具有重要意义。例如，线上线下高度融合的"义乌小商品城"平台（www.chinagoods.com），深入供给侧，大力拓展内、外贸市场，成为带动经济转型发展的新引擎，并已初步构建"一带一路"数字贸易枢纽网，推动义乌高质量高水平建成世界"小商品之都"。当前，专业市场与电子商务这一新型流通形态呈现日益融合、联动发展的态势，这改变了传统协同型市场产业网络的生产、沟通和决策模式，正在引发专业市场又一次格局变革与行业洗牌。伴随专业市场与电子商务融合发展的演变，基于电子商务的新型专业市场日益形成。然而，这种新型市场形态尚处在起步阶段，我国大多数专业市场正处在新型专业市场形成的初级阶段，即使存在少部分已发展得相对成熟的网上市场，如嘉兴中国茧丝绸交易市场的"金蚕网"、义乌"中国小商品城"市场的"Chinagoods 平台"、余姚"中国塑料城"市场的"中塑在线平台"等，但也面临电子商务相关政策环境滞后，同质化竞争加剧等问题。此外，我国专业市场主体由于历史等原因，在客观上还存在技术、运营及其他骨干力量不够，经营主体的文化程度、年龄结构存在瓶颈等制约因素。因此，对基于电子商务的新型专业市场形式还存在许多系统性与体制性问题需要厘清。

"制度是重要的"（North，1990；世界银行，2001）。然而，制度究竟是怎样演化的？主流范式经济学似乎对这一命题仍难以解释，迄今缺乏相关的理论基础。自科斯（Coase，1960）在《社会成本问题》一书中提出科斯定理（Coase theorem）以来，尽管以威廉姆森、阿尔钦、德姆塞茨、诺斯等为代表的研究大大促进了新制度经济学的发展，然而，基于新古典经济学理性选择模型为发展背景的新制度经济学存在根本性的理论渊源不足，在解释很多实际问题时仍表现得捉襟见肘，甚至与其理论模型相悖。诺斯把新制度经济学给制度分析留下的缺陷，寄希望于认知结构及博弈论的研究发展。制度本身的性质决定了它比较适合采用博弈论进行分析。自肖特（Schotter，1981）开创了博弈论制度均衡分析以来，有关博弈论的制度分析日益增多。运用博弈论来探究和解决制度选择与制度演化变迁问题，目前主要有两种方法，分别是："进化博弈法"和"重复博弈法"。然而，越来越多的制度经济学家意识到，单单以博弈论用作系统研究制度的理论工具本身尚不完备，需要在以下方面对研究方法加以补充：（1）纵然存在着一致的技术水平状况和被同样的市场所联结，制度安排也会由于国家或地区的不同而表现出差异化特征。这意味着，以博弈论作为统一分析工具来检验制度的彼此依存性，在某种程度上会达成制度安排的多重性、次优性抑或帕累托不可比性等结论（张洪磊，2006）。所以，仅仅局限于博弈论充当系统研究制度的分析工具是不够的，无论是基于理论的困解还是现实的考察，我们需要借助比较和历史的知识（Gerif，1999）。换句话说，制度演化在本质上具有比较属性。（2）应用日益广泛的博弈论（如经典博弈和演化博弈）虽然可以在某种程度上分析制度生成问题，不过在探究制度的内生演化方面却一直难以给出满意的答案（黄凯南，2010；2014）。经典博弈的制度分析将制度的演化看成外生环境变化所产生的结果，即便是演化博弈的制度分析，也在揭示引入某种新策略集合的（即包含着制度创新的）制度均衡变化方面显得捉襟见肘（董志强，2008）。因此，若要运用博弈论更深层次、全面地对制度进行分析，就需要将制度的内生演化问题归入其理论分析框架之中。近年来正在发展，还处于完善阶段的主观博弈理论（subjective games）则很好地体现了这种趋势（Kalai and Lehrer，1995；Aoki，2001；Camerer，2003；Feinberg，2005；Kaneko and Kline，2008；Hanaki et al.，2009）。

　　一个完整的、系统的制度理论分析框架应该同时能够包括对制度生成和制度演化的内生性问题给出的解释。比较制度分析较传统的重大突破就是试图在统一的博弈论框架指导下来理解制度多样性的源泉和影响。20世纪末至今，比较制度分析学派运用演化博弈论、主观博弈模型对制度的研究理论不断完善，青木昌彦、扬（Young）等提出的较为系统性的制度分析理论问世并得以运用发展。但是，比较制度分析将制度变迁视为一种自组织的和结构性的动态均衡，而在这一方面做出开拓性贡献的学者是用新古典作为分析工具来研究经济理性与社会相互作用的贝克尔（Becker，1976）。并且，青木昌彦在一定程度上吸收并技术化了哈耶克扩展秩序与微观主体的创新结构性联系的思想。因此，比较制度分析原理上也存在一定的局限性。有鉴于此，本部分拟运用比较制度分析的演化博弈、主观博弈、历史研究以及比较等方法与理论，同时结合演化经济学、自组织理论的最新研究成果，对电子商务诱致下新型专业市场的形成机制与过程作一探讨。

第六章

电子商务诱致新型专业市场形成的
演化博弈机制与路径

本章首先分析了当前专业市场与电子商务融合发展的机制与模式，其次，在阐述了基于电子商务的新型专业市场的内涵及其主要特征的基础上，从演化博弈视角，探讨了电子商务诱致下我国新型专业市场的生发机制及路径，构建了新型专业市场形成的演化博弈模型。

第一节 专业市场与电子商务融合发展的机制与模式

一、专业市场与电子商务融合发展机制

根据新兴古典分工理论与演化经济学的观点，可以尝试探讨电子商务如何通过专业分工和交易效率推进专业市场的演化。首先，电子商务促使专业市场交易效率提升。电子商务的引入将实现知识、信息等要素在网络平台上的共享，在很大程度上提升了市场信息的集聚程度，提高了信息的对称性，降低了搜索成本，从而大大提高了交易效率。反过来，交易效率的提高又推动了电子商务在专业市场的应用。其次，电子商务的运用引起市场价值链的重构。电子商务的应用缓解了市场信息不对称的难题，提高了交易效率，也

有利于市场竞争机制作用的发挥，导致价值链的重组与整合，提高专业市场资源配置的效率。电子商务平台对于信息资源的整合优势及配置、传递的高效率，推动市场分工细化。传统专业市场，商户往往销售多种类型的产品，随着电子商务的应用，商户渐渐进行某一类产品或某一种产品的贸易。同时，采购商的市场也会随之进行细分，客户专业化水平不断提高，这样对于挖掘消费者尚未满足的个性化需求、开发产品新功能创造了有利条件，从而拓宽了市场分工协作网络。销售规模的不断扩大，商户运用电子商务平台的集聚—扩散功能，将电子商务资金流、业务流、技术流和商品流反映到信息流，并由信息流组织和支配，从而促使价值链的重组与整合。最后，专业市场与电子商务的融合发展会促使规模报酬递增机制重塑。随着销售规模的扩大，网络效应外部性的扩展必然导致经济剩余增加，商户就会有充足的资金投入信息技术，产品的销售方面就会有更大的优势，销售规模的扩大又会促进专业化分工，更进一步推动市场辐射范围的扩展。反过来，市场范围的拓展作为拉动规模经济的重要因素，强化了专业市场的规模报酬递增机制。另外，电子商务在专业市场应用的拓展，使专业市场逐步演化为有形市场与无形市场联动发展的新型专业市场。

二、专业市场与电子商务融合发展模式

专业市场应用电子商务的时间并不长，目前主要有三种模式：（1）信息中心型。信息中心型模式是传统专业市场发展电子商务的初级阶段，其并非真正意义上的电子商务。在这种模式下，电子商务只是作为实体市场的重要补充，它的主要功能就是成为"信息中心"。专业市场通过网络发布信息，并建立搜索查询等功能，方便用户查询信息，其余的过程如洽谈、签约、支付、配送等均是在网下进行。"信息中心"成为聚集商流、资金流、物流的有力举措，吸引了大量的用户和商家，促进了有形市场的发展壮大。（2）实体市场和网上市场无缝结合型。专业市场采取这一模式的主要思想是：依托发达的实体市场，通过计算机和网络技术，把有形专业市场复制到网上，建立网上"虚拟市场"，为市场经营者提供网上商铺，以实现有形与

无形的相互照应、联动发展，实现无形市场与实体市场的无缝结合。该模式以有形市场为主、无形市场为辅，现货交易为主、网上交易为辅。经营者通过网上商铺发布信息，展示商品，洽谈业务，在网下或者网上直接交易。

（3）无形市场主导型。随着电子商务的逐渐成熟，网上市场将会取代实体市场的部分功能，专业市场形成以网上市场为主、实体市场为辅的局面。该形式是目前功能最为完善的专业市场电子商务模型，市场交易主要是通过网上市场进行，交易流程中的信息发布、谈判、资金结算、配套物流等都在网上进行。这种模式比较适合标准化单一的产品，以嘉兴中国茧丝绸市场为代表，是目前比较完善的专业市场电子商务模式。目前，中国茧丝绸交易市场打造的"金蚕网"专业平台，构建了在线交易、在线金融、仓储物流、协同贸易、信息门户五大业务板块。而由"金蚕网"建立的中国茧丝绸交易市场湖州生丝超市与宜州蚕茧超市，改变了过去企业与企业间点对点的贸易模式，提升为点对面的服务，让整个贸易更简单、透明，同时，在产品质量检验、追溯以及成交价指导方面有着市场优势①。该市场的交易模式达到网上网下融为一体，基本解决了信息流、资金流和物流之间的脱节和断层，是以标准化产品为主的生产资料类专业市场成功开展电子商务的典范。

第二节　基于电子商务的新型专业市场的内涵特征与生发机制

一、基于电子商务的新型专业市场的内涵特征

传统专业市场是一种典型的以商品集散为主要功能，以"三现交易"

---

① 从 2000 年开始，中国茧丝绸交易市场开始编制发布"嘉兴指数"，现已成为国外客商与国内厂商洽谈价格的参照标准。2014 年，嘉欣丝绸从行业交易平台向供应链服务平台转型，供应链以金融为核心，构建覆盖茧丝绸行业上下游企业的供应链闭环。当前，金蚕网已积累会员企业的原料质量偏好和产品质量指标等一系列"数字画像"要素，积极探索大宗商品新零售对行业进行流程再造，在推动行业转型升级中发挥了重要作用。（资料来源：一根蚕丝背后的"嘉兴智慧"［EB/OL］. 嘉兴市人民政府网，2019 - 08，http://www.jiaxing.gov.cn/art/2019/8/26/art_1228921205_41855823. html.）

（现场、现金、现货）为主，远期合同交易为辅交易方式的坐商式制度安排。随着互联网技术的发展、外部环境和消费需求的改变，传统专业市场在市场形态、功能定位、经营业态以及市场结构等方面不断演变和创新。尤其是进入 21 世纪以来，电子商务的跨越式发展，优化重组生产、消费、流通全过程，为我国经济社会发展带来了前所未有的历史性机遇，成为打造中国经济升级版的新动力。电子商务创造了新的市场需求，对传统流通方式产生了深刻影响，推动我国由"世界工厂"向"世界市场"转变。近年来，现代化专业市场的发展与电子商务日益融合，正在形成以实体市场与网上市场高效融合为特征的新型市场生态系统。例如，由浙江中国小商品城集团股份有限公司全资打造的义乌市场官方网站 Chinagoods 平台于 2020 年 10 月正式上线，平台官网显示，Chinagoods 依托义乌市场 7.5 万家实体商铺资源，服务产业链上游 200 万家中小微企业，以贸易数据整合为核心驱动，对接供需双方在生产设计、展示交易、市场管理、物流仓储、金融信贷等各个环节的需求，实现市场资源的有效、精准配置，构建全链路的贸易生态闭环。

新型专业市场加快了现代服务业的发展，推动着产业集群转型升级，已成为现代经济业态和城市发展的重要引擎。相对于传统意义上的专业市场，基于电子商务的新型专业市场凸显了以下几方面特征：（1）市场形态方面。新型专业市场从传统封闭式的坐商制度安排发展为开放式的实体市场与网上市场相互融合、联动发展的形态特征，日益体现出市场的品牌化、国际化、信息化、高端化、网络化、业态高级化及功能多元化。（2）市场功能方面。基于电子商务的新型专业市场的功能正在由传统单一的商品流通向信息汇集、商务配套、产品创新等综合服务方面拓展，利用市场前沿的需求与产业信息，组织设计研发、整合延伸产业链，提升产品附加值并实现价值再造。（3）市场结构方面。新型专业市场的主体从传统的以私营业、个体为主逐步升级为股份制的形式，市场的供给者与需求者所从事的不再仅是传统有形商品的简单交易，在电子商务诱致下市场慢慢衍生出推广、网络金融、物流配送、咨询策划、电子支付、云服务、平台搭建、仓储外包、培训、代运营等更多元、价值更高的产品与服务交易链条。

二、基于电子商务的新型专业市场生发机制

（一）变异（创新）机制

自熊彼特（Schumpeter，1943）开创性地提出知识型与创新型的经济形态对于资本主义经济增长所具有的重要性以来，"创新"的概念在西方国家一直受到政府、企业以及学术界学界的重视。之后，演化经济学学派试图将自然界生物体进化的"变异"机制与创新加以类比研究，系统地探讨并论证了创新（变异）机制在经济社会发展中的作用机理及其重要作用。按照创新方式与市场之外选择环境之间的关系来看，电子商务诱致专业市场的变异行为可区分为适应性创新和生成性创新两种。适应性创新是市场主体面对电子商务这一技术变革的产物所做出的反应，市场个体会在市场需求和发展环境的影响下适应性地出现交易方式的改变。这种发生在电子商务被引入早期的变异行为，一般是需求诱致型的、移植性的简单创新行为。并且，一旦传统专业市场中开始出现市场参与者进行电子商务的行为，由于市场主体演化过程中适应性机制的存在，其他市场参与者会因此更倾向于改变其传统的市场交易方式和思维习惯。当专业市场运用电子商务发展到一定阶段时，市场的生成性创新就会更有意义，这意味着专业市场或市场主体可以根据自身特征对外部电子商务应用环境或市场需求变化做出计划安排，带有战略性的将资源投入到可以对自身发展贡献累积性创新资源的行为。从而可以看出，电子商务诱致专业市场的创新行为凸显出明显的阶段性特征，这也在很大程度上决定着电子商务诱致新型专业市场的形成是一个渐进式的演进过程。

（二）选择机制

弗罗门（Vromen，1995）提出自然界生物的生存和演化是通过自然选择进行决定的。与此类似，专业市场在发展电子商务的过程中，包括竞争、政策等在内的诸多选择机制也会对基于电子商务的新型专业市场的形成及市场主体的动态演化发挥关键作用。市场存在的选择机制的重要意义在于它能

够减少市场主体发展的多样性，有效促进和优化电子商务与专业市场的融合演化发展。专业市场发展的过程也是市场主体及整个市场系统不断进化的过程，不具有无限理性和完全信息的市场参与者经过与市场其他参与者之间的相互博弈、学习和模仿，基于利益的考量会不断调整和优化自身的经营和发展策略，最终在市场的权衡中摸索出一个相对最优的策略实现自身的发展。电子商务突破时空概念的交易高效率，恰恰符合了专业市场目前制度发展和技术升级的双重需求。电子商务诱致专业市场发生变迁的过程中，选择机制的作用主要表现在以下三点：一是，激烈的市场竞争选择会迫使交易效率低下、经营业绩较差的市场经营户进行选择；二是，一旦高效率的电子商务使部分市场主体受益，由于专业市场是产品交易的共享平台并具有高效的信息分享机制，再加之经营户等市场主体之间长期培养的合作与信任，在此基础上形成的关系网络会发挥"润滑剂"的作用，大大促进市场主体对于电子商务的选择与应用；三是，国家或当地政府关于电子商务发展所营造的政策环境，对于专业市场经营者是否选择开展电子商务也有重要影响。

（三）学习机制

弗罗门（1995）认为学习是具有一定能动性的主体为了适应环境的变化而自发的对"惯例"开展"搜寻"的行为。"搜寻"过程由创新与模仿两种方式组成，创新行为能够产生新技术和组织进而推动现存惯例发生改变，模仿则意味着通过对创新开展适应性仿效以得到其中的潜在利益。基于上述观点，按照学习的能动性，可以将电子商务诱致新型专业市场生发过程中存在的学习机制划分为试探性、创新性与模仿性三个方面：试探性学习通常发生在基于电子商务的新型专业市场生发的萌芽阶段，由于市场环境的复杂性和风险性，加之市场内尚未出现具有示范效应的应用电子商务的"标杆"企业或市场主体，因此，传统专业市场参与者只能按照自身情况试探性地开展电子商务；创新性学习主要存在于专业市场与电子商务互动发展的时期，即基于电子商务的新型专业市场的成长阶段。这一阶段，电子商务应用的创新成为市场参与者重要的竞争战略，创新所带来的巨大效益会因专业市场与电子商务的互动机制而引发更多市场参与者的创新；模仿性学习则一般发生于基于电子商务的新型专业市场的形成期,在这一时期,创新行为会因市场大量参与者的模仿而受到挤压,但往往模仿能够更容易获得利益。一旦专业市场中有的参与者开展新的电子商务模式并获得效益,众多的市场参与者就会想方设法地模仿这种运作模式,通过选择机制以及适应性机制,这种创新的电子商务模式就会渐渐出现同质化竞争的饱和状态。

(四) 自组织与他组织机制

专业市场作为自发形成的流通组织形式在根本上具有自组织特性(郭银平,2009),根据德国物理学家亦即"协同学"创始人哈肯(Haken H.,1988)对于自组织系统的观点,电子商务诱致新型专业市场生发的过程是基于内部各子系统(交易系统、服务系统、管理系统)之间、内部各要素(市场主体及企业等)之间,及其与外界环境(物质、信息、能量)之间不断的非线性交互作用下实现演化的。在这一交互作用过程中,市场各系统及各参与者的竞争与协同作用构成了电子商务诱致新型专业市场生发的动力。电子商务作为"序参量"不断指示着新的有序结构、功能和类型,而只有与外部环境高度适应的、更为"理想的"的结构被保存下来。正如杨小凯(1999)基于序贯演化方法对于分工和经济演化问题的分析给予如下的启示:开放性的自组织的演化使专业市场与电子商务的融合具备多样性演化的可能,衍生出专业市场原来没有的、更适应经济系统生态环境的特性、结构和功能,这是专业市场体制内部各种制度之间互补性进化、实现制度变迁的基本前提。一旦专业市场与电子商务的融合发展演化为一种缺乏非线性思想交互作用的组织,专业市场就将面临僵化、封闭的威胁。

对于专业市场与电子商务融合发展的演化博弈系统来说,系统的自组织力量在很大程度上主导着其演化的路径和方向。因此,对政府等他组织的干涉能否帮助市场系统实现高效、有序的演进尚未达成一致的结论。但无论是信息经济学中的"柠檬市场"理论(George A. Akerlof,1970),还是公共选择"集体行动的困境"(曼瑟尔·奥尔森,1995),都可以很好地证明专业市场作为一种准公共产品(Samuelson P. A.,1954)的制度优越性(陈建国，2009）。尤其是改革开放以来，中国经济的非凡表现使政府的"市场增进论"或"市场补充论"（青木昌彦，1997，1999）得到很好的实践上的证明。所以，笔者认为，在电子商务诱致新型专业市场生发的过程中，政府等权威力量将在一定程度上发挥补充性和阶段性功能①。比如，在电子商务诱致新型专业市场形成过程中，多元体制、不同系统的协同演化机制可能出现内部结构摩擦严重的"内耗"情况，这需要政府等权威力量的协调和政策引导。

第三节 电子商务诱致新型专业市场形成的
路径与模型：演化博弈视角

一、电子商务诱致新型专业市场形成的路径

（一）单位经济主体安排创新

目前，我国专业市场主要以个体工商户和中小企业为主要交易主体，以某一类专业性产品为主要交易对象，内部存在大量有差异性经济主体的自由竞争，并与外部环境进行有机的交流。电子商务作为技术革命的产物的出现，其巨大的交易成本优势与信息技术优势会诱致部分经营理念较为先进的市场经营者自发的试探性学习与适应性创新（变异），少数的市场主体在外界环境的影响下通过对电子商务知识与应用层面上的学习逐步开始应用于电子商务。在自组织力量与选择机制的作用下，通过电子商务交易效率的示范，政府等其他组织的信息、资金、技术资源等方面的优势和相关培训，以及市场其他参与单位的非线性交互作用，专业市场主体对于开展电子商务的现实性和必要性不断被激发。整体来说，在电子商务诱致新型专业市场生发

---

① 事实上，如果从一个更广义的角度来看，政府等权威机制也可以视作自组织体系的一部分，权威机制通过改变演化主体的演化环境和条件，促进经济系统发生变迁。

的萌芽时期（见图6-1），市场经营主体对于电子商务的应用主要集中于其信息发布、信息共享的功能上，而诸如洽谈、签约、支付和配送等大部分交易流程仍是在实体市场中完成的。这一阶段，市场经营户或企业等个体单位构成了演化的初级行动主体，交易方式的改变诱发市场主体思维观念与行为习惯的改变，传统专业市场主体在各种机制的交互作用下正在被引向信息型组织的变革。

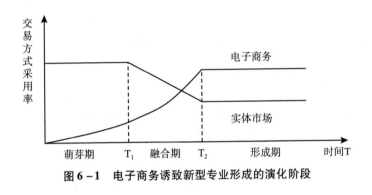

图6-1 电子商务诱致新型专业形成的演化阶段

（二）多元体制共同演化

与电子商务在我国经济发展中的非凡表现相同，随着电子商务在专业市场中的嵌入式演化发展，选择机制、学习机制等效应不断放大，在自组织作用下电子商务在专业市场内外获得了迅猛发展。网商、电子商务平台提供商、网络技术服务提供商等新生力量在专业市场不断涌现，市场内外衍生出大量电子商务应用群体，比较典型的是出现所谓的"传统市场—淘宝店铺—快递配送"模式。专业市场开展电子商务所形成的（符号）系统逐步成为显著和重要的指导性系统，相应的配套体系在功能与结构上都实现适应性进化，主要体现在专业市场服务系统、交易系统内的市场参与单位对于电子商务应用的创新性学习与生成性创新机制占据主流方向，如产品展厅、推广、网络金融、物流配送、咨询策划、电子支付、摄影、云服务、创意、第三方平台快递、仓储外包、培训、数据挖掘、代运营等与电子商务相关或互补的体制在专业市场不断被催生和完善。与此同时，管理系统中政府、工商局等他组织力量则在其内部的博弈与策略互动下，通过成文法、公共政策等途径为专业市场与电子商务的融合发展创造良好的市场氛围、创业环境等。随着实体市场与电子商务的互动融合发展，专业市场的三大系统（管理系统、服务系统、交易系统）包括其各自子系统的内部要素的协同演化，促使传统专业市场的"四流"（信息流、物流、资金流、商流）真正实现一体化的电子商务发展。但由于不同专业市场经营的商品种类对于开展电子商务的适应程度不同，再加之各自市场的历史差异性、制度环境等原因，在向基于电子商务的新型专业市场变迁过程中，市场参与者信念的收敛和新决策的协调能否达成一致以及实现的路径"因地而异"。

（三）基于电子商务的新型专业市场形成

伴随着专业市场与电子商务的融合性发展，要素流动的加速缩短了专业市场系统空间的布局和以区域为单位资源配置的优化。但是，需要强调的是，专业市场与电子商务互动所构成新市场系统的高级性和优越性，是建立在各宏观体制（相关法律、物流配送、支付渠道等）以及每个微观单位（市场经营者、电子商务平台、网商、生产企业、物流配送企业等）在多层次互动、多方参与的非线性交互作用下，能够实现互补性进化并可以均衡多方利益的基础上的。而这种协同型电子商务运作体系的客观要求是需要建立一套基于专业市场主体的多方参与的网络平台架构体系，在功能上能够适应市场产品特色和市场主体的运作需求，在此基础上实现某种多方利益和信息分享的机制。现实中，对于实现向上述新型专业市场的变迁出现了两种方式：一是，专业市场与电子商务的融合发展能够实现多元体制的互补性进化并使多方利益获得平衡，从而引发市场参与群体自发的向新型专业市场转型；二是，这种多元体制、多层次的互动演化并未实现有序的协同发展，演化系统中因存在部分结构体系或单位的相互"摩擦"或"掣肘"而造成严重的"内耗"。例如，在专业市场与电子商务融合的市场系统中出现电商服务平台重复建设以及过度竞争的问题，市场中存在的大量平台在运作特点、服务质量尤其功能定位等方面缺乏特色，因而导致无序的低价竞争和网上商品品种及价格信息的混乱，不仅没有有效形成集聚优势反而不利于自身的持续发展。对于这种信念收敛和新决策协调难以达成一致的情况，即基于电子商务的新型专业市场的形成出现"制度危机"，这就需要政府等他组织力量作为外生性符号系统去加以引导与协调。

二、电子商务诱致新型专业市场形成的演化博弈模型

（一）模型基本假定

（1）两两博弈。博弈是在两类市场主体之间进行的。

（2）合作预期。在选择机制、自组织机制等的作用下，市场参与者是否进行合作以达成演化博弈的均衡策略，取决于参与各方对于系统演化获得效率提升的预期。

（3）演化理性。根据比较制度分析理论，演化博弈中的市场参与者在面临复杂的环境中都是无法获得完全信息的"演化理性者"，只具备有限理性。市场主体通过变异机制、学习机制等作用自发的调整行为策略，以期选择对于提高自身适应能力有利的策略。

（二）模型构建与分析

在电子商务诱致新型专业市场形成的前期，市场各参与单位对于其所在市场是否有必要自建电子商务平台，将依照他们自身发展的考量做出权衡和决定。对于构建这种基于电子商务的新型专业市场，市场参与主体会出现合作与不合作两种策略选择（见表6-1）。用 R 代表专业市场自建电子商务平台可以为市场博弈各方所能带来的收益；L 表示对于构建这种基于电子商务的新型专业市场，双方做出相反决策的情况下所造成的损失；C 为市场各参与单位对于专业市场自建电子商务平台需要付出的技术成本。此外，用 P 代表专业市场参与主体中赞成自建电子商务平台的占比，那么不支持这一决策的比例则为 $1-P$。

表6-1　　电子商务诱致专业市场自建电子商务平台的演化博弈矩阵

	合作		不合作
合作	$[(R-L)/2]-C$	$[(R-L)/2]-C$	$R-L-C$ 　0
不合作	0	$R-L-C$	0 　0

按照上面的支付矩阵，可以整理出电子商务诱致下专业市场演化博弈的复制动态方程：

$$\frac{d_p}{d_t} = F(P) = P(1-P)\left[P\left(\frac{R-L}{2}-C\right) + (1-P)(R-L-C)\right]$$

据此方程，通过求解能够得到三个均衡状态，即 $P_1=0$，$P_2=1$，还有 $P_3 = \dfrac{2(R-L-C)}{R-L}$。

由此，根据分析比较 R、L、C 的大小状况，就可以尝试探讨电子商务诱致新型专业市场形成的演化均衡策略（ESS）。

第一种情形，当 $R<L+C$，即 $R-L-C<0$ 时，则复制动态方程有 $F'(l)>0$，$F'(P_3)>0$，$F'(0)<0$，那么，依照微分方程的稳定性理论，唯独 $P_1=0$ 符合本博弈的 ESS。基于此，可达成以下命题：

命题6-1：当 $R<L+C$ 时，$P_1=0$ 是电子商务诱致新型专业市场形成的演化博弈的 ESS。

这一命题意味着，当专业市场自建电子商务平台所获得的收益小于参与主体非合作所导致的效率损失与建设成本之和时，这一演化系统内部参与者就不会达成向基于电子商务的新型专业市场的变迁。此种情况，由于市场演化系统的"内耗"较为严重，专业市场与电子商务的融合发展可能会停留在融合期继续演化，直到达成博弈系统的 ESS，但也可能出现市场主体的分化或消亡。

第二种情形，当 $R>L+2C$ 时，有 $F'(l)<0$，$F'(P_3)>0$，$F'(0)>0$，这时，就可以达成第二个命题：

命题6-2：当 $R>L+2C$ 时，$P_2=1$ 为本演化博弈的 ESS。

这一命题意味着，当专业市场自身构建网上平台所获得的收益，高于市场参与单位非合作所导致的效率损失与建设成本的 2 倍之和时，特定专业市场内部的主体都会倾向于发展属于本土市场的电子商务平台，该市场几乎全部的参与主体都达成了合作策略，那么在此情况下，建设基于电子商务的新型专业市场是一种演化稳定策略。

第三种情形，当 $L+C < R < L+2C$ 时，有 $F'(l) > 0$，$F'(P_3) < 0$，$F'(0) > 0$，由此，可以得到本博弈的第三个命题：

命题 6－3：当 $L+C < R < L+2C$ 时，$P_3 = \dfrac{2(R-L-C)}{R-L}$ 是本博弈的 ESS。

命题 6－3 表明，当专业市场自建电子商务平台所获得的收益大于市场参与单位非合作所导致的效率损失与建设成本之和，而小于效率损失与建设成本的 2 倍之和时，最后占比 $\dfrac{2(R-L-C)}{R-L}$ 的市场参与者赞同建立市场自身的电子商务平台，而有 $1-\dfrac{2(R-L-C)}{R-L}$ 比例的参与者选择不合作。在这种情形下，本书认为在充分发挥演化系统自组织力量主导作用的同时，政府等他组织力量作为外生性符号系统，应当通过公共政策、成文法等去加以引导与协调，防止基于电子商务的新型专业市场的形成出现"制度危机"。

第四节　案例分析：以"中国塑料城"为例

浙江余姚"中国塑料城"市场是我国专业市场中发展电子商务相对较早的市场。近年来，"中国塑料城"在电子商务方面取得了较快的发展，尤其在市场制度上相应进行了一系列创新，这对其整个市场及以之为中心分工网络的未来发展将产生至关重要的影响。

一、余姚"中国塑料城"建设新型专业市场的萌芽期

余姚"中国塑料城"是我国首个能够有效反映塑料价格信息的专业市

场，也是我国最早建立相应网上交易市场的专业市场。1993～1998年是我国电子商务发展的准备阶段，这一期间主要的标志性事件是我国开展了EDI的电子商务应用和"三金工程"的实施。1999年开始，以"8848"网上商城为代表的B2C电子商务站点正式上线（卢冠明，2009），我国的电子商务发展在市场不成熟的背景下开始进入艰难的实际应用阶段。"中国塑料城"市场大体也就是在这一时期开始了电子商务的发展，1994年，"中国塑料城"成立之后的第二年，在当地政府的支持引导下，与"中国塑料城"发展相适应的配套服务结构——"中国塑料城"信息中心建成运行，为世界各地的市场主体提供塑料产品信息。之后，依托"中国塑料城"信息中心，以ICP信息提供商形式诞生的中国塑料信息网于1997年成立。余姚"中国塑料城"电子商务发展的萌芽期，得到了政府积极的引导和干预，经历了初级阶段几年时间的学习、适应、选择，以及市场中各要素的非线性交互作用之后，越来越多的市场主体意识到信息对于效益的重要意义和实际价值，市场主体的结构、功能、组织安排等渐渐发生改变。

二、电子商务诱致"中国塑料城"多元体系互动发展阶段

1997～2003年，余姚"中国塑料城"将传统实体市场与电子信息网络融合发展的做法，使很多市场主体逐步认识到信息对于效益的重要性。经历了6年左右的探索，"中国塑料城"初级电子商务模式初步成形。余姚"中国塑料城"的初期电子商务模式大致可以理解为，依托"中国塑料城"实体市场，通过网上发布信息、查询资料、洽谈，网下看样订货签约、网下配送、网下支付，进而完成市场交易的初级电子商务形式。"中国塑料城"的实体市场与电子商务形成了互动发展的态势，虚拟的信息市场逐步使"中国塑料城"的经营模式发生嬗变，当时市场中的670多户商家，都在竞相借助电脑在国际互联网上"淘金"。与此同时，市场高速公路、物流快递等配套体系快速发展。"中国塑料城"与电子商务的融合发展，有力推动了余姚塑料业及相关产业的互动性、互补性发展。在电子商务的诱致下，"中国塑料城"初步实现了两大方面的重要蜕变：由最初低端、狭隘的塑料原料

交易市场向信息化、高级化、国际化的综合性专业生产资料市场转变；由原来仅专注交易功能的发展，转向更加注重工贸结合、仓储配套、品牌会展（1999 年成功举办首届中国（余姚）国际塑料博览会），信息发布、物业管理等多元化体系的互动发展。

三、基于电子商务的新型"中国塑料城"形成期

2003 年之后，我国的电子商务配套支撑体系如物流、法律、支付、诚信等方面建设不断完善，我国的电子商务自此进入迅猛发展的时期，人们开始慢慢适应并认可电子商务这一新型商业形态。2004 年 9 月，余姚"中国塑料城"物流有限公司组建浙江塑料城网上交易市场，网上交易市场为其自身量身研发了"中塑仓单"交易模式。市场经营户或采购方利用互联网进入网上市场的"中塑仓单"交易系统，就能够实现在网上的虚拟化商品交易，网上交易市场凭借建立在全国的定点交货仓库，实现货物交收的程序，为采购方或客户提供高效的物流服务。自网上市场上线运营以来，凭借"中国塑料城"实体市场的规模与品牌效应，浙江塑料城网上交易市场在功能上为实现与实体市场融合发展不断推陈出新。2009 年 4 月，浙江塑料城网上交易市场推出"中塑现货"交易模式，融合了塑料的在线交易、在线结算以及第三方物流配送，这对于塑料流通效率的提升意义重大。2012 年 11 月 5 日，浙江塑料城网上交易市场又打造出"现货即期"电子商务模式。"现货即期"交易模式自上线以来获得了市场较好的认可，聚集了一大批下游生产商、贸易商等。2014 年 5 月 9 日正式投入运营的甬易支付平台，立足于为各行业个性化需求量身定制支付解决方案，这其中还涉及电子物流等服务体系的建设。

浙江塑料城网上交易市场依托平台优势，积极帮助线下塑料原料生产企业搭建面向国内外市场的"线上商铺"，"中国塑料城"与网上市场经过多年的互动创新、融合发展，已经打造为集塑料电子交易、结算和信息资讯服务等为一体的综合性电子商务服务平台，基于电子商务的新型"中国塑料城"市场生态系统也在不断成熟完善。与此同时，浙江塑料城网上交易市场自建立以来，通过"互联网 +"手段不断提升塑料产业客户的采购、生产、

销售以及经营管理等一系列流程的效率问题，从而有效协调和优化塑料原料生产企业与塑料加工企业生产资源的配置，实现按需生产，合理安排库存，促进产业流通与生产的深度融合。2018 年，"中国塑料城"实现市场交易额1026 亿元，交易量965 万吨，其中，现货市场实现成交额640 亿元，同比增加5.8%，成交量515 万吨，同比增长6.8%。线上实现交易额386 亿元，交易量450 万吨。① 浙江塑料城网上交易市场连续第四次荣膺"中国大宗商品现代流通诚信市场"，并成功成为"浙江省 5A 级电子商务企业"。2020 年，浙江塑料城网上交易市场与1688、天猫等共 18 家国内知名电商平台被授予"浙江制造拓市场"最具影响力电商平台②。此外，由原余姚市"中国塑料城"信息中心发展而来的浙江中塑在线有限公司（http：//www.21cp.net），作为"中国塑料城"的配套服务机构之一，是目前国内塑料行业起步较早、规模较大、客户群较广、非常具有影响力的塑料专业网络公司，其旗下"中塑在线"（由"中国塑料信息网"升级而成）网站（www.21cp.com）被喻为全国塑料行业的"晴雨表"，发挥着"引导国内，影响海外"的磁波效应。

第五节 本章结论与启示

一、本章结论

电子商务诱致新型专业市场生发的过程，是一个多元体制、多层级有机

---

① 关于表彰 2018 年度"十佳税收贡献企业"等各类先进的通报 ［EB/OL］. 余姚市人民政府网，2019－02，http：//www.yy.gov.cn/art/2019/2/19/art_1229137383_52303024.html.

② 浙塑市场致力于以"互联网＋"为手段解决塑料产业客户的采购、生产、销售和经营管理等一揽子问题，从而有效引导塑料原料生产企业与塑料加工企业优化配置生产资源，实现按需生产，合理安排库存，促进产业流通与生产的深度融合。浙塑市场通过自身力量，依托平台优势，积极帮助线下塑料原料生产企业搭建面向国内外市场的"线上商铺"，持续加大供应链金融产品对塑料加工企业的支持力度。浙塑市场已累计服务制造业企业近 3000 家（资料来源：浙塑市场喜获"浙江制造拓市场"最具影响力电商平台 ［EB/OL］. 余姚市人民政府网，2020－12，http：//www.yy.gov.cn/art/2020/12/7/art_1229137383_59019156.html.）。

互动并具有明显阶段性特征的动态演化博弈过程。在这一过程中，专业市场与电子商务的相互融合在各种生发机制的作用下，在内部各要素因子及其与外界环境的非线性交互作用的适应性演进中不断产生新的结构和功能。与此同时，追求预期报酬（效用）最大化的市场主体在其特定的环境中，与其他博弈参与者通过这种非线性交互作用或者策略互动，逐步形成多元体制的互补性进化并不断实现多方利益的平衡。这种基于各种体制安排互补的、自组织的"适应性进化"，由于受历史的、制度环境等因素的影响会表现出多样性，这在相当程度上是专业市场作为一种制度安排不断实现体制强化并保持制度活力的原因。

二、本章启示

基于电子商务的新型专业市场的形成发源于专业市场内部的自组织演化，在演进与博弈过程中政府的顶层设计与市场自发性演化之间的相互协调至关重要。当地政府、市场管理相关部门等应充分利用市场主体的积极性、方向提示以及实施经验"有所为，有所不为"，这样才能有效发挥市场机制的高效率，增强市场主体实践其自我判断、开展经济活动的能力。基于本章的理论与案例分析，提出以下政策启示：

首先，建设良好的网络交易环境。专业市场电子商务化要获得较好的发展，必须依靠强有力的支撑环境。一是，要完善政策、法律体系。完善的法制环境是专业市场开展电子商务的制度保障，不同专业市场应加强战略合作，提倡政府尽快完善电子商务信息安全、市场准入、知识产权保护等方面法律法规建设。与此同时，加强对电子商务市场开展专项整治工作，打击虚假宣传、质量欺诈等不法电子商务活动行为。二是，要加快信用体系建设。一方面，工信部门、商务部门、工商部门、公安部门、银行等相关机构要强化部门间的协调与联合，加强对电子商务交易活动的信用管理。另一方面，建立科学合理、公正权威、具有高度社会公信力的信用服务机构，为电子商务交易活动提供可靠的指引。

其次，加强专业市场信息化改造，提升经营户电子商务应用能力。目前，专业市场中加入网络平台的经营户很多，但大部分都没有充分利用其中的资源，没有让电子商务的投入带来应有的回报。为了提高经营户电子商务应用能力，首先应当提升专业市场信息化水平。不少经营户对硬件的投入占到整个信息化投入的大部分，而配套软件和IT服务等方面投入则相对滞后，只有使信息化水平全面提升，才能让经营户真正体会到先进网络技术带来的商业价值，促进电子商务使用者对这种新型模式的理解以及使用。同时，也要做好专业市场的信息化改造：（1）建设能使每个摊位与整个市场联网的专业市场内部局域网，实现商品信息在市场内部充分共享。（2）设立门户网站，提供专业市场交易的电子商务平台。（3）通过网络交易平台，逐渐实现在线洽谈、网上签约、电子支付等。另外，网络行业应该重视对电子商务用户信息技术应用能力的培训，使无形市场在专业市场最大化地发展，实现各自的最大化收益。

最后，打造现代化物流体系，突破专业市场物流配送瓶颈。首先，政府应加大对物流基础设施建设的投入，并制定与实施相关优惠政策，引导社会力量在专业市场周围建设物流配送中心。物流中心可以采取直接交由第三方单独建设、与其他企业联合建设或者由专业市场自建自营。但从长远来看，给专业市场提供物流服务应以第三方物流企业为主体，因第三方物流能以其规模化、专业化经营给交易双方带来节省物流费用、减少库存、减少资金占用、集中资源经营核心业务等优势。同时，政府要提倡加快培养物流专业技术和管理方面的高素质专业人才。其次，以信息技术为核心提高物流设备的技术含量，积极引进国际先进经验和技术，加强物流配送系统和计算机信息系统方面的应用整合，建立无缝链接的物流体系。物流中心可以通过信息系统，利用条形码、电子数据交换、射频技术等实现物流的数字化管理，降低物流成本，实现供应、采购、配送、销售、顾客价值链的整合管理。最后，借鉴专业市场门户网站建设的经验，构建覆盖全国乃至全球的综合性物流信息平台，实现物流信息的顺畅流通和资源共享。

第七章

电子商务诱致新型专业市场
形成的比较制度分析

本章运用比较制度分析理论与方法探讨了专业市场与电子商务相互融合所诱致的制度变迁过程，揭示了电子商务诱致下专业市场多元体制有机互动与阶段性演化的内在机理。

第一节　专业市场与电子商务融合发展的
比较制度分析逻辑

尽管诺斯（North D.，1990）、格雷夫（Greif A.，2006）等对于制度的定义在强调的重点和分析推理等方面存在一定的差异，制度却被普遍理解为人们制定的、对相互经济关系的一种约束。青木昌彦（1997）则从现实的角度将制度概括为"关于博弈重复进行的主要方式的共有理念的自我维系系统"，显然可以看出，肯定进化博弈论的学者会支持制度是"自发的秩序"或自组织系统。从根本上来讲，专业市场是一个具有草根性、社区性和自生自发性的地方型市场体系（陆立军和王祖强，2008），那么探索在资源稀缺性和未来不确定性约束下，专业市场与电子商务融合发展过程中市场主体相互竞争的自利行为所必须遵守的准则，不仅关系到制度变迁方向，也是对其复杂性演化的考量。比较制度分析强调制度自我实施的内生性和不同体制间的相互作用，为研究电子商务诱致专业市场制度的适应性变迁提供了思路。然而，比较制度分析对其"共有信念"的一般均衡分析存在新古典的局限性，因此，将利用自组织理论作为研究的逻辑基点。

具体的专业市场是由现实世界的"社会结构"所决定的，镶嵌在其网络之中的专业市场在演化发展过程中所表现出的许多特性和功能是其复杂性成长的结果。"协同学"创始人哈肯将"自组织"概念界定为"在没有外界干涉的特定条件下一个体系获得空间、时间及功能的结构过程"（李桂花，2007），电子商务作为一种全新的商务模式，从无到有，逐渐演变为专业市场自组织系统的序参量，并且标志着新结构与功能的形成。那些适应环境和社会变化的新结构会被保存下来继续演化，推动专业市场发生经营业态、商务模式迎合未来发展趋势的需求性创新，从而促使专业市场演化升级。在这一过程中，线下与线上融合的双渠道模式最终成为经营户的最优选择（于斌斌和陆立军，2019），且电子商务与专业市场的融合已超越了作为一种新的贸易形态所具有的价值与意义，从而引发整个专业市场系统的结构更新与经济运行规则的再塑造。

基于"生态观"和"适应观"角度剖析经济主体的环境适应性演化是组织变革分析的重要对象，正如青木昌彦所指出的：制度作为一种均衡现象，是内生的"适应性进化"（青木昌彦等，2005）。以经济系统的复杂性和经济主体的"有限理性"为基本假定的比较制度分析，其经济观与进化生物学的自然观有着天然的联系，这是运用比较制度分析方法研究专业市场与电子商务融合演化的主要理论依据之一。专业市场是一个复杂的经济生态系统，其传统贸易方式与电子商务相互融合形成新交易制度的过程是专业市场系统内部各系统或要素交互性作用下的演化，存在着多元的体制安排在非线性作用下的共同进化以实现整个经济生态系统的帕累托改进，例如，网上市场最为显著的优势（即交易成本的降低）也正是整个制度优化的结果，交易制度是专业市场制度的核心，而制度的演化和变迁本身就是其系统的资源使用性活动。因此，在电子商务诱致下专业市场原有的结构失衡、混沌并逐步形成具有高度环境适应性的新型秩序，是与多元制度的互补性和阶段性进化密不可分的。

第二节　电子商务诱致新型专业市场制度形成的演化模型

专业市场上电子商务的发展起源于极少数个体的自发行为，经过子系统间与其内部主体间的相互协同和竞争会形成一种"规则"，这种内生的序参量一旦产生就会反过来支配市场系统。与此同时，专业市场趋向的演进结构和秩序也相应地被反映出来。那么，是否能提供一种理论以解释并预测专业市场体系制度的变迁？制度安排的多样性演化是比较制度分析的一个重点领域，通过对投资理论（Lance E. D.，Douglass C. N.，1971）加以修正并与自组织、演化发展经济学理论相配合，可以建立一个关于专业市场与电子商务联合演化诱致下，专业市场制度变迁的阶段性比较制度分析模型。

假定：（1）PV 表示专业市场系统中每一个决策主体或组织期望从某些特定的安排变迁中能够得到的净收入现值。下标 i、v、g 表示这种安排创新的组织层面（单个主体，共同协作和政府性的），1，2，…，m 表示特定的安排。

（2）R 代表专业市场中采用电子商务的初级行动主体预期从安排变迁中能够获取的收入，下标（1，2，…，n）表示预期报酬的年份，上标 $i(1, 2, …, n)$，$v(1, 2, …, m)$，$g(1, 2, …, m)$ 分别表示一种安排的层次和名称。

（3）r 是与专业市场系统中每一个决策主体所包含的预期相匹配的贴现率。

（4）Co 表示在专业市场系统中组织协调一个特定新安排的估测成本。

（5）Cs 表示专业市场系统中不同安排层次未预料的负面决策所造成的预期"阻滞"成本，"阻滞"成本可以用负面决策产生的成本乘以它们发生的概率表示。

（6）Cr_n 表示专业市场系统中各决策主体在确定的上标 n 年中，对某种安排所应付出的来估测经营成本。

实现安排变迁即 $PV>0$，只会发生在这两种情形：要么安排创新可以获得潜在的收入，要么安排创新的成本下降足够低，使安排变迁具有可行性。由此可划分出如下几个阶段。

阶段一：单位经济主体安排创新。电子商务技术作为一种新的交易形态，能以较低的成本介入市场，拓展商业交易的时空，创造无限商机。首先受到感应的是专业市场体系中的活跃经营者，在潜在收入机会的驱动下引发经营户或企业的管理向信息型组织变革。故在专业市场与电子商务相互融合的初期，个体工商户或企业是演化的基本要素。因为每个经济活动单位之外不存在额外的组织费用，则采用适应电子商务技术发展安排的 PV_i 为：一定时期内所估测收益的贴现值扣除该经济主体所负担的安排经营成本，以及该安排预期发展年限内的正常增长利息的总和。另外，由于专业市场经营的是某一类专业性产品，电子商务与专业市场的融合会呈现多元动态、横跨多个小品类市场的多层次演化互动机制。每个经济要素安排创新的 PV_i 为：

$$PV_{i1} = (R_1^{i1} - Cr_1^{i1})/(1+r) + (R_2^{i1} - Cr_2^{i1})/(1+r)^2$$
$$+ \cdots + (R_n^{i1} - Cr_n^{i1})/(1+r)^n$$

$$PV_{i2} = (R_1^{i2} - Cr_1^{i2})/(1+r) + (R_2^{i2} - Cr_2^{i2})/(1+r)^2$$
$$+ \cdots + (R_n^{i2} - Cr_n^{i2})/(1+r)^n$$

$$\cdots$$

$$PV_{im} = (R_1^{im} - Cr_1^{im})/(1+r) + (R_2^{im} - Cr_2^{im})/(1+r)^2$$
$$+ \cdots + (R_n^{im} - Cr_n^{im})/(1+r)^n$$

阶段二：多元体制的共同演化。电子商务诱发专业市场形成相应的商务运作模式，并作为序参量开始主导专业市场系统产生新的时间、空间或功能结构，如快递、云服务、仓储外包、网络营销、数据挖掘、网络金融、代运营等电子商务服务机构相继涌现。专业市场与电子商务融合演进的整体性功能及其内部能否有效发挥协同效应，是由二者融合所构成系统内部各要素因子、不同系统之间的相互作用决定的：如果在专业市场发展电子商务过程中，系统中各子系统内部的人、组织、环境以及各子系统之间相互协调配合，那么就能形成"$1+1>2$"的协同效应，此时的 Co^v 就会较低。这是专业市场融合电子商务能否实现"四流"一体化整合的关键，由此也可对专业市场能否完成多元化体制阶段性协同进化见微知著。反之，如果不同子系统之间及内部各单位之间不能形成有效的利益均衡和信息分享机制，就会致使整个专业市场系统"内耗"加重，进而系统内各子系统就不能有效发挥它们自身的功能，最后导致专业市场与电子商务的融合演化体系处于一种混乱无序的状态。毋庸置疑，这种情况下的 Co^v 是非常巨大的。各系统或组织安排创新的 PV_v 为：

$$PV_{v1} = -Co^{v1} + (R_1^{v1} - Cr_1^{v1})/(1+r) + (R_2^{v1} - Cr_2^{v1})/(1+r)^2$$
$$+ \cdots + (R_n^{v1} - Cr_n^{v1})/(1+r)^n$$
$$PV_{v2} = -Co^{v2} + (R_1^{v2} - Cr_1^{v2})/(1+r) + (R_2^{v2} - Cr_2^{v2})/(1+r)^2$$
$$+ \cdots + (R_n^{v2} - Cr_n^{v2})/(1+r)^n$$
$$\cdots$$
$$PV_{vm} = -Co^{vm} + (R_1^{vm} - Cr_1^{vm})/(1+r) + (R_2^{vm} - Cr_2^{vm})/(1+r)^2$$
$$+ \cdots + (R_n^{vm} - Cr_n^{vm})/(1+r)^n$$

阶段三：新型专业市场制度的形成。专业市场成长为有形市场与无形市场的共同体，会按照自发的逻辑秩序继续演化博弈，这种拓展相当程度上是在原有社会结构中嵌入式的发展，而由于社会经济条件并没有完全发育成熟，这一演化势必为受到固有体制约束的成长，这就增加了制度变革的成本。阶段三呈现了两种演进路径：（1）专业市场与电子商务协同性演化过程中，专业市场制度的不均衡产生获利机会，从而引致群体进行自发的诱致性制度变迁。或者政府顺应趋势参与支持，不过这种利他性质的"强制性变迁"与黄少安等（1996）关于"'强制性变迁'不过是政府作为一个变迁主体的诱致性变迁而已"的观点是一致的。（2）由于种种复杂性因素，专业市场与电子商务融合显现内部微观结构摩擦严重的"内耗"状态，这种源于制度束缚及其导致的杂乱无序的结构性矛盾，可能会致使政府实施强制性的变迁加以规范。在下述基于（2）所分析政府性安排的报酬表达式中，不仅包括 Co^g，而且包括决策 Cs。应当指出的是，这类成本能够在预期的后续发展阶段得到补偿，而且，在政府组织的条件下有时也可能把成本的一部分转移到国家身上。政府安排创新的 PV_g 为：

$$PV_{g1} = -Co^{g1} + (R_1^{g1} - Cr_1^{g1})/(1+r) + [R_2^{g1} - (Cr_2^{g1} + Cs^{g1})]/(1+r)^2$$
$$+ \cdots + [R_n^{g1} - (Cr_n^{g1} + Cs^{g1})]/(1+r)^n$$

$$PV_{g2} = -Co^{g2} + (R_1^{g2} - Cr_1^{g2})/(1+r) + [R_2^{g2} - (Cr_2^{g2} + Cs^{g2})]/(1+r)^2$$
$$+ \cdots + [R_n^{g2} - (Cr_n^{g2} + Cs^{g2})]/(1+r)^n$$

$$\cdots$$

$$PV_{gm} = -Co^{gm} + (R_1^{gm} - Cr_1^{gm})/(1+r) + [R_2^{gm} - (Cr_2^{gm} + Cs^{gm})]/(1+r)^2$$
$$+ \cdots + [R_n^{gm} - (Cr_n^{gm} + Cs^{gm})]/(1+r)^n$$

在专业市场与电子商务融合演化的过程中，由于市场主体在有限理性与复杂条件下往往过于看重各种体制安排的成本最小化，而忽略了实现利益（即 PV）的最大化才是行为决策的基本逻辑，这在一定程度上致使旧的制度安排束缚了专业市场与电子商务相互融合的多样性，因而难以充分实现有形市场与无形市场演化过程中的多元化发展。但即使是这种高成本的制度变迁也可以进行下去并最终取得胜利，这是因为，毕竟不少有远见的决策者能够预测到现行安排的边际效益已经或即将为负，制度的变迁是大势所趋（原因是在动态均衡状态下，当预期收益被纳入计算时，这样的付出是值得的）。然而，如果在传统专业市场经济主体的共有信念尚未改变之前就机械地将游戏规则取消或者从外部模仿移植，则有可能导致专业市场与电子商务的融合产生更大的摩擦或者使已形成的局部安排创新解体，因为在此种情形下，R、Cr 的不确定性和安排演化的 Co、Cs 会构成系统巨大的风险成本。所以，即使是政府参与的创新，也是在专业市场与电子商务的相互融合演化到特定阶段足以让政府达到预期的 PV_g 条件时才能实现，同时也意味着这种制度变迁的趋势已经显现。综上所述，电子商务诱致新型专业市场形成的演化模型可用图 7-1 表示。

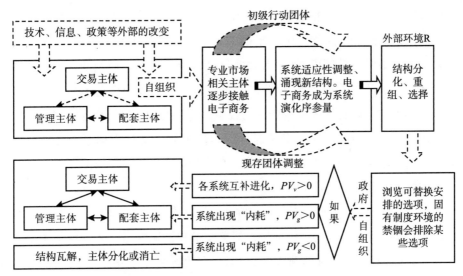

图 7 - 1　电子商务诱致新型专业市场形成的演化模型

注：◄- - -►表示传统专业市场的信息流、资金流、服务流等；
　　◄———►表示新型专业市场的信息流、资金流、服务流等。

第三节　案例分析：以"中国小商品城"为例

专业市场与电子商务相互融合、联动发展过程中所诱致的制度演化与变迁，在本质上是一种潜在收益增进与资源配置优化的逻辑，它日益清晰地衍射出与电子商务相互融合的新型专业市场生态系统的高级化与优越性。电子商务技术的应用在宏观和微观两个层次上与专业市场组织体系产生交互作用：宏观环境方面，电子商务的运用与相关法律、物流配送、支付渠道等一系列制度安排有直接关系；微观层次上，专业市场系统内各经济单元在长期经营中所形成的行为特征和规范也影响着电子商务应用的创新。义乌"中国小商品城"市场是"全球最大的小商品批发市场"，也是国内专业市场中发展电子商务较早的市场之一。义乌小城市大商贸的电子商务发展之路大体可分为三个阶段：

（1）萌芽阶段。义乌是电子商务起步较早的城市，自 1998 年至 21 世纪初，"商城信息网站""中华商埠"等为经营户和采购商提供产品信息发布服务的电子商务网站相继建立。由于受到技术条件薄弱和配套环境不完善等现实因素的限制，再加之国内电商的发展初期阶段缺乏"标杆"企业的带动，诸多不确定性使得 Cr 超出大部分市场经营户的心理预期，市场主体对于开展电子商务的预期 R^i 较低，内生动力的缺乏致使义乌小商品市场对于电子商务的早期运用未取得较好的效果，这一时期义乌小商品市场主要以实体市场为主进行交易。但电子商务的运用延伸了义乌市场系统开放的空间，义乌市场不断地从外界获取技术、信息等要素，促进了自身系统尤其是市场主体的创新性和多样化发展。

（2）多元体制互动发展阶段。2004～2011 年，中国加入世界贸易组织（WTO）以后经济全球化步伐加快，信息技术和物流的迅猛发展增强了电子商务发展的内生动力与创新能力，提高了市场主体采用电子商务的 PV。2010 年义乌全市网商销售额已初具规模，其增长势头直追有形市场。规模小至淘宝，大至阿里巴巴，少数还有从事专业细分市场的垂直电子商务，例如，在义乌创业的"中国饰品网"已发展为国内唯一饰品行业门户网站。这一时期，实体经济成为义乌电子商务迅速发展的重要支撑，电子商务成为带动当地物流、商贸等实体经济繁荣的重要引擎。2010 年，义乌拥有国内物流单位、国际货代 2000 多家[①]，基本形成了以"中国小商品城"市场为网络中心的庞大物流体系。网商数量的激增还促使物流快递业的创新性发展，如义乌甚至出现了"拼箱公司"。与此同时，品牌会展、金融等电子商务配套体系均获得了互动性发展，例如，2011 年义乌成功举办"电子商务及网络商品博览会"，展会期间银行等行业代表展示了近年来在电子商务服务领域获得的新发展。整体来说，这一阶段义乌小商品实体市场与电子商务的融合基本实现了多元体制的有机互动，但各类电子商务网站的激烈竞逐未

---

① 2010 年，义乌市有各类物流企业 2311 家，其中国内物流企业 1126 家，国际货代仓储企业 1051 家，快递物流企业 134 家，经营面积 1051800 平方米，年发货量 2885.425 万吨，物流从业人员 157273 人。驻义乌航空货代 100 多家，每年国际空运货物超过 3 万吨。中国海运、法国达飞、以星、万海等 18 家全球知名海运公司在义乌设立了办事机构（资料来源：数字义乌——2010 义乌国民经济和社会发展概况 ［EB/OL］. 义乌政府门户网站，2011－03，http：//www.yw.gov.cn/art/2011/3/10/art_1229137466_50692855.html.）。

能演变为发展的合力，实体市场与无形市场相互融合形成的协同动力机制中尚存在一定的"内耗"而致使 Co^v 提高。

（3）新型专业市场形成阶段。2012 年至今，义乌市电子商务产业链日趋完善，快递、第三方平台、摄影、代运营、网络金融、推广、云服务、第三方仓储等不断出现并形成规模，实体市场已发展成网货的主要供应地。为了充分发挥实体市场的天然优势，2012 年 10 月，义乌小商品市场正式推出线上官网"义乌购"，小商品市场 7 万实体经营户将全部上线并实现线上线下的对接融合发展。"义乌购"作为融信息发布（义乌商城）、信用担保（义乌信用）、交易支付（义乌支付）、物流配送（义乌配送）为一体的专业 B2B 电子商务平台，是义乌小商品市场在电子商务诱致下适应性进化的结果，是实体市场与电子商务的相互融合演化到特定阶段可获得 PV_v 的一种诱致性变迁。伴随信息技术的快速发展，"中国小商品城"提出数字化转型，旨在打造国际贸易综合服务商的重大战略目标。2020 年 3 月 14 日，"中国小商品城"发布公告，要打造全场景数字化的义乌"中国小商品城"综合交易服务平台（以下简称"Chinagoods 平台"）。区别于"义乌购"主要发挥商品展示、撮合交易等方面的功能，Chinagoods 平台更侧重于"履约＋服务"环节[1]。Chinagoods 平台借助小商品城在国内外布局的物流仓储网络，通过订单、支付、物流三单对碰，构建真实、开放、融合的数字化贸易 B2B 综合服务平台，致力于打造"市场主体＋业务平台＋服务平台＋基础设施"框架体系，使得贸易效率提高，从而进一步激发市场发展活力。在电子商务诱导下，"中国小商品城"市场组织系统正在不断演化、成熟，基于电子商务的义乌"中国小商品城"市场形成标志如图 7－2 所示。2021 年，Chinagoods 平台入驻商户超过 6 万家，注册采购商超过 160 万家，全年交易额突破 160 亿元；货款宝注册用户达 3.5 万户，采购宝上线两个月下单金额超 2 亿元[2]。小商品数字自贸应用获评浙江省数字政府最佳应用、浙江

---

① 小商品城独家回应子公司同业竞争疑云：Chinagoods 平台更侧重于履约＋服务［EB/OL］. 每日经济新闻，2020－10－28，https：//www. sohu. com/a/427822421_115362.

② 数字义乌——2021 义乌国民经济和社会发展概况［EB/OL］. 义乌政府门户网站，2022－04，http：//www. yw. gov. cn/art/2022/4/19/art_1229137466_59309298. html.

省商务系统数字化改革"典型案例"、浙江省数字化改革优秀门户，列入浙江省数字政府成果展①。

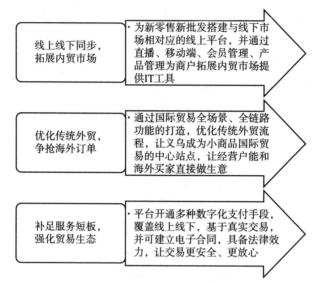

图7-2 基于电子商务的"中国小商品城"市场形成标志

资料来源：中国小商品城官方平台［EB/OL］. https：//www.chinagoods.com/perform_introduce.

专业市场与电子商务的融合起源并发展于民间组织内部自发的演化，但需要稳定的经济政策环境和稳固的制度框架作为前提条件。2012年，为了实现"商城集团"实体市场和阿里巴巴集团网络资源的互补发展，二者成功签署了战略合作协议。围绕上述协议内容，浙江省商务厅、金融办等有关部门根据现实发展的需要，下发了《关于推进义乌小商品城和阿里巴巴电子商务合作的若干意见》，从财政、税收、融资等涉及的方面给予政策支持。2019年6月，义乌市政府与阿里巴巴集团签署eWTP（世界电子贸易平台）战略合作协议，双方将探索服务全球中小企业的贸易新规则新模式，加速产业数字化转型，推进eWTP与义乌实体市场融合发展，打造"云端贸

---

① 数字义乌——2021义乌国民经济和社会发展概况［EB/OL］. 义乌政府门户网站，2022-04，http：//www.yw.gov.cn/art/2022/4/19/art_1229137466_59309298.html.

易共同体"。[①] 在这种环境中，每一个市场主体对于电子商务的应用会付出与动态经济效率相一致的时间与精力，从而形成一个兼容的激励机制，这套体系使得每一个厂商和每一个个人的利益追求与整体的目标是一致的。此种情况下，Co、Cs、Cr_n 会降到足够低的水平，至少可以使得到的 $PV > 0$。换句话说，虽然体制的变革是一种资源使用活动，但如果专业市场与电子商务融合过程中实现多元体制的互补性进化就可能蕴含着收益。专业市场是一个自我进化的市场生态系统，义乌"中国小商品城"与电子商务的融合在交易系统、管理系统、服务系统等多元体制的交互博弈中演化发展，分工协作使其组织机构有机地融为一体，如图 7-3 所示。

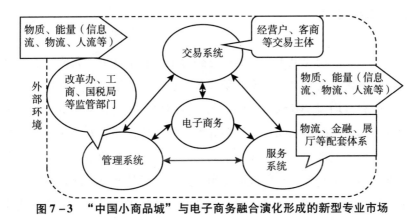

图 7-3 "中国小商品城"与电子商务融合演化形成的新型专业市场

注：◀▶表示信息流、资金流、服务流。

第四节 本章结论与启示

一、本章结论

专业市场与电子商务相互融合向高级形态即新型专业市场转型的内在演

① 义乌市与阿里巴巴签署协议 全面深化 eWTP 试验区建设 [EB/OL]. 人民网 - IT 频道，2019 - 06，http：//it. people. cn/n1/2019/0620/c1009 - 31171476. html.

绎机制是一种自发的逻辑，也是基于市场内部各要素因子相互作用及其与外界环境非线性交互作用的动态适应性调整过程。电子商务增强了专业市场的可延展性，并作为序参量指示产生新的时间、空间或功能结构，在此基础上形成多元体制的互补性进化并实现多方利益的平衡。与此同时，与新型专业市场相适应的机制体制最终也在演化的过程中合乎逻辑地内生出来。党的十八大以后，改革再度成为全社会关注的热点问题，以改革红利释放发展潜力的氛围和趋势正在形成。在此背景下，如何借助新一轮改革开放的春风，续写专业市场的"中国奇迹"意义重大。

二、本章启示

第一，专业市场与电子商务的相互融合是开放条件下多元体制的有机互补与阶段性演化，为此要重视不同阶段各经济主体对于制度安排边际效应重组过程中的利益均衡及其约束条件。在利益固化的格局之下，由于专业市场系统中各种体制、机制之间存在着差异性与自律性，固有安排在更新改造的同时，某种程度上也会呈现自我约束的机制。因此，专业市场融合发展电子商务的制度体系要实现更高层次的均衡，必须考虑其演化不同阶段制度创新的约束条件，确保不同主体之间博弈规则的公平公正，以进一步的开放倒逼更深层次的改革，并加以因势利导。

第二，专业市场与电子商务的联动是复杂性的自组织演化，必须加强顶层制度设计与市场主体积极性的结合，在此基础上因地制宜地构建价值共创型的现代商贸体系。顶层设计与专业市场制度的改革密切相连，因此，需要通过一种逻辑一贯的、互补的方式进行，遵从经济发展的一般规律，秉承博弈规则公平、开放、效率以及结构互补的原则，审时度势，伺机而为。专业市场制度变迁的方向是：以电子商务为纽带，通过平台设计、机制设计、政策设计，进一步提升新型专业市场形成过程中对于宏观经济环境的适应性演化的能力，努力形成传统店铺、网商/电商企业、平台商、物流、金融、设计、品牌共同合作创造价值的健康的市场生态系统。

第八章

电子商务诱致新型专业市场生发的主观博弈机制：一个比较制度分析框架

作为自然的市场竞争的结果，专业市场与电子商务的日益融合正在重新构建一种新的运营方式、新的业态和生态，划分新的利益分割线，最终实现向以电子商务化为根本特征的新型专业市场嬗变。本章拟进一步运用比较制度分析的理论与方法，基于青木昌彦的主观博弈论思想构建一种制度分析的概念性框架，以更深入全面地解释传统专业市场向基于电子商务的新型专业市场演进过程中的制度生成以及制度演化的内生性问题。

第一节 电子商务诱致新型专业市场
生发的主观博弈逻辑与机制

一、新型专业市场的制度起源和内生性演进机制

尽管一项制度会因规模递增或网络外在性等因素使得整体性制度安排表现得更具稳固性和持久性，但作为共有信念系统性变化的制度演化或变迁终究会使原有均衡实现向另一个均衡的嬗变。倘若采用传统的外生博弈规则理论来分析传统专业市场向基于电子商务的新型专业市场变迁的内在机理，这

就使人们不得不面对这一新型制度的起源、形成及实施等问题。而要解决这些问题，外生博弈规则理论的分析就需要在新型专业市场相关制度规则所产生影响的经济域之外（如政治域）来探究，抑或在理性的当事人从多种多样可能存在或产生的规则中共同选取一种规则的超级博弈中进行分析（Reiter S. and J. Hugh，1981；Huricz L.，1996）。然而，对于新型专业市场规则产生影响的经济域之外的域（如政治域），其博弈规则又是怎样产生的呢？超级博弈的当事人又是怎样把握基于电子商务的新型专业市场所有可能的规则呢？可见，如此分析下去就会陷入无边无际的循环推理泥潭，而跳出这一无限推理胡同的路径就需要将制度视为博弈过程的内生稳固的结果。比较制度分析的博弈均衡制度观虽然会将新型专业市场这一制度安排看作域中"内生的博弈规则"，却并没有把模型中存在的每一项制度都理解为内生的。这是由于当事人觉得行得通的特定行动可能受到历史条件的影响，而当事者在特定范围内行动决策的结果，在相当程度上会由这一域中所存在的制度环境决定。但比较制度分析的理论是将外生给定或人为设计的规则系统理解为从历史延续下来的社会结构，而并非将"外生博弈规则"因素引向无限循环推理的超级博弈的逻辑结构。

二、历史、制度环境与新型专业市场的协同演化机制

如果在探讨基于电子商务的新型专业市场的博弈模型中会产生多重均衡解的背景下，博弈均衡制度观能够解释新型专业市场制度安排中那些"人为设计"（North D.，1990）的一面，而不仅是经济域的技术水平、工业条件或市场环境所决定的那些方面。倘若对博弈结构给予一定的技术假设，博弈结果仅产生一个均衡解，那么这个均衡解就只能称为特定技术前提的一种表征，而非我们所理解的制度。按照比较制度分析理论的观点，通过采用均衡分析来探究新型专业市场制度，我们能够深刻地认识到这一制度的产生虽然是通过参与者实现的，但却绝非随意安排或随便达成的结果。确切地说，制度分叉一旦产生，即使不同区域的专业市场之后经历了相同的技术和生态环境，其各自的整体性制度安排或许依旧会表现得千差万别，其结果在很大

程度上由它们自身制度演化的历史轨迹所决定。所以，均衡和历史分析对于新型专业市场形成的研究是互补的，缺一不可。此外，专业市场的发展历史表明，唯独各项体制能够实现彼此一致和相互支持的制度安排，才是充满活力和自我维系的。比较制度分析为我们揭示专业市场所在经济环境中各项制度的相互依存关系奠定了可掌握的理论基础，它可以把那些直观上具有现实意义的现象置于精确的分析框架中。这就需要我们在实证研究市场中不同域的博弈基础上，探讨当事者在某个域的均衡决策与其他当事者（同一域或不同域）的均衡决策的彼此关联。采用这种分析方法，我们就能够掌握专业市场长期存在的条件，以及解释这一制度安排在现实中为何具有差异性和多重性。

三、新型专业市场制度生发中的不同符号系统的竞合机制

在概要表征①的引导下，当事人会培养出适应博弈内生规则的技能和思维方式。然而，如果专业市场所处的环境面临重大变化时（如电子商务、大型超市等新型业态的兴起），市场主体已养成的技能和思维方式就可能很难继续适应新的环境，因而会在一定程度上引发"制度危机"。这必然导致此前在专业市场的传统制度安排中被看作当然的部分（即对于目前博弈是如何进行的共有信念）被动摇，市场主体也必然会在外界影响下参照原有制度安排之外的新信息，重新思考他们本身的决策习惯和规则。新型专业市场制度的产生只有当市场主体的决策习惯在新的环境中彼此一致，其意会的或符号的信息浓缩引发的参与者的信念系统彼此趋同时才可以达成。传统专业市场向基于电子商务的新型专业市场的变迁并非单是在既定的博弈框架下从原有均衡向新的均衡的过渡，它或许还会出现从市场主体某种策略安排集合下的均衡向其他策略安排集合下的均衡演变。在这一演变过程中，包含新行动策略的各种可能决策安排在市场主体彼此间的竞争中会不断被实践检

---

① 按照比较制度分析理论的观点，制度的本质是对均衡博弈路径显著和固定特征的一种浓缩性表征，该表征差不多能够被相关域所有当事人所感知，可以理解是与他们策略决策相关的。

验。在此背景下，怎样才能使专业市场中市场主体对于采纳电子商务的信念和实际决策的双重收敛同步达成呢①？根据比较制度分析，在传统专业市场向新型专业市场过渡过程中，如果基于电子商务行为的符号系统在大量竞争性系统中的影响力不断凸显，且被市场主体普遍视为是显著和重要的，那么借助该指导性的符号系统，在向新型专业市场变迁过程中信念的收敛和新决策的协调就是有可能实现的。当市场主体的决策接近均衡时，基于电子商务的符号系统将与众多参与者的实践检验一致，在不断得到市场主体的核实和认可后，最终将会慢慢趋于平衡。

四、成文法和公共政策对新型专业市场形成的促发机制

专业市场这一制度安排中所包含的博弈规则究竟应视为自发于各自域，抑或是在政治域给予设定？这一问题对于理解新型专业市场形成过程中公共政策所能发挥的作用具有很大影响。假如人们认可政府对于专业市场的博弈规则影响较大并支持这一制度安排对经济绩效有重要作用，那就意味着：一旦传统专业市场向基于电子商务的新型专业市场转型出现问题或不理想，就需要通过设计和实施更有效的规则来实现改革。对此有两点需要解释：一是，政府作为由拥有自己利益和信念的个人所组成的组织单位，其政策的设计和推行都是基于政府、市场管理部门、个人等当事人的策略互动实现的；二是，倘若人才储备不够或者某项政策与其他域的已有制度不相"耦合"，都或许会造成政府意想不到的后果。在本书中，笔者结合专业市场的实际情况把成文的法律法规看作博弈的外生规则，在此基础上探讨市场主体策略互动的结果。此外，需要说明的是，内生地理解政府并不代表博弈过程和结局会被通盘决定，现实中也会存在一定政策建议实施影响的余地。当新型专业市场的演化过程中，市场主体对于博弈的实际情形缺乏明确的预期，或者他

---

① 经济学目前尚无法证明，实际决策和信念的双重收敛通过一种相互作用的合理机制（即实际决策由信念引致，而被观察到的实际决策又导致信念的形成）是可能的，尤其在行动决策包含新奇因素的情况下，证明双重收敛就更为困难。

们的预期在某种程度上出现了分歧时，就需要产生一定的空间使外生性符号系统（例如新的政策或政治家的建议）发挥作用，其作用程度的大小主要取决于这些外生性符号系统和政治域之外通行的实践"耦合"的程度。

第二节　电子商务诱致新型专业市场生发的主观博弈模型

本节将建立一种概念性框架，以解释专业市场参与者在电子商务诱致下，面对复杂环境中种种因素的影响去探索新的博弈方式的机制，以及市场主体的非线性交互作用如何使得基于电子商务的新型专业市场制度变为自我实施的机制。

一、模型基本假定

（1）博弈的当事人为特定专业市场的参与主体。

（2）博弈的参与者只具备有限的主观认知。现实中市场主体的认知源于对过去实践所获得的知识与技能，这些认知不足以使其能够对市场其他参与者的策略或环境状态做出完备的推断。

（3）对于每个市场参与者 i 的"技术可行"策略的客观集合 $A_i(i \in N)$，不妨用一个无穷维度的空间来表示。在实际的演化博弈中，无论在哪一时点都只存在一个有限维度的子集处于启用状态。

（4）所有的博弈参与者共享一个公共信念系统 $\sum^*$，即专业市场具体的制度安排。除了专业市场主体目前所达成的公共信念之外，博弈的各方还会形成其自身的私人剩余信息 $I_i(s)$。每个市场主体对于电子商务诱致下新型专业市场形成的博弈形式，都会有自己的主观认知，但这种有限的主观认知与客观状态在某种程度上会产生偏差。

（5）给定被认知的专业市场制度安排 $\sum^*$，每个博弈者均形成了一套主观推断准则，即所谓的主观后果函数 $\phi_i(., I_i(\cdot): \sum^*, e)$，按照此函数，市场存在的每项决策 $s_i \in \varphi_i$ 均可以得到一个定义在后果空间上的物质结果 $\phi_i(s_i, I_i(s) : \sum{}^*, e)$，这在现实中主要由博弈者的私人剩余信息 $I_i(s)$[①] 所决定。其中，市场参与者对博弈环境 e 的考量暗含在此函数形式中。因此可以将该函数形式称作博弈参与者的主观推断规则。

（6）在电子商务诱致下，专业市场各个博弈主体或参与单位根据他们策略的启用集合选择策略，给定已预期的新型专业市场制度现象，$I_i(s)$ 和市场参与主体的 $\phi_i(., I_i(.) : \sum{}^*, e)$，那么选择的策略应该让其获得的报酬（效用）实现最大化。换句话说，市场博弈当事人选择在 S_i 选择 s_i，使得 $u_i(\phi_i(s_i, I_i(s) : \sum{}^*, e))$ 可以达到最大化，其中 $u(\cdot)$ 是博弈当事人效用的预测函数。在这里，我们把通过这种方式达成的策略选择称为最佳反应决策规则。

根据上面的假设，我们就可以得到电子商务诱致下新型专业市场形成过程中市场主体的主观博弈模型（见表 8-1）。

表 8-1   市场主体的主观博弈模型

	参数性数据 （博弈的外生规则）	内生变量
内生于参与人（微观）	（3）启用的决策子集	（6）最佳反应决策规则
外生于参与人 （宏观）	（5）推断规则	（4）私人信念
	（I）制度（共有信念）	

二、模型构建与分析

根据现实中电子商务诱致新型专业市场生发的阶段性特征（陆立军，2013；陆立军和刘猛，2013），笔者将新型专业市场形成的主观博弈过程分

---

① 更一般地，可以假定每个参与人对于策略决策和私人信息的每项组合赋予一个定义在后果空间 $\Omega(T)$ 上的概率分布。

为三个阶段：（1）演化的初期是有限理性的专业市场主体在复杂环境中对电子商务相关知识、经验不断累积的过程。电子商务的出现给市场经营户带来了思想的冲击与转变，少部分市场主体开始试探性地运用电子商务这一新型商业模式，其组织结构与安排相应地进行了适应性创新，市场参与者在这个阶段通过不断地主观学习和尝试为以后主观博弈模型的建立积累了原始信息。（2）在专业市场与电子商务的融合期，市场催生了大量多元化的网商群体、电子商务支撑服务群体以及衍生服务群体等，在电子商务迅猛发展的潜在需求与利益的诱致下，这些群体所构成的多元体系（快递、教育培训、法律、支付等）获得了互补性发展，并在开展电子商务的符号系统中不断衍生出新的功能结构。市场主体通过对应用电子商务的经验知识进行归纳（包括编码与抽象），从而建构起对新型专业市场理解和认知的主观博弈模型。（3）在新型专业市场的形成期，由于这种实体市场与网上市场互动发展的模式，存在着交易对象、品种、地点的可选择性和价格、质量、服务的比较性优势，并且符合现阶段国内外贸易发展的趋向，已经被市场参与交易的主体广泛接受。交易量的增多在促使摄影、快递、支付、软件等专业服务商不断进入电子商务生态系统的同时，专业市场与电子商务相互融合的生态在这种多元体制有机互动的演化博弈中逐步向更高级的形态转变。市场参与者则在这一显著的、指导性的符号系统中，根据自身认知的主观博弈模型展开博弈。

如果在电子商务诱致下，专业市场的各单位主体不断运用相同的规则测度环境、预测报酬和选择行动决策，同时对基于电子商务的新型专业市场制度的认知能够达成一致，这时，市场各参与单位的主观博弈就是再生（即处于认知均衡）的[①]（青木昌彦，2001）。按照之前笔者对于制度 $\sum{}^{*}$ 的论述，假设下述不动点性质在域层次上成立，即对所有的 $i \in N$，有：

[①] 更一般和现实的情况可能是，专业市场参与者在整个时间过程拥有多个推断和预测规则，它们在有些方面是竞争性的，在另一些方面是互补的。这样，市场主体面临一种连续变化的制度，可能会尝试其中的每一种，然后从中选择他认为在当前条件下最适合的规则。市场参与者将发展出一种类似于综合规则之类的东西，决定在哪种情况下选择哪种规则。但是，当多种规则的固定集合一直被参与人作为通常的决策工具时，我们仍然可以说其主观博弈模型是不断再生的。

$$s_i^* = \underset{s_i \in S_i}{\mathrm{argmax}} u_i(\varphi_i(s_i, I_i(s_i, s_{-i}^*) : \sum{}^*, e))$$

事实上，这构成了纳什均衡的条件。此模型说明，新型专业市场制度的形成是基于期望获得报酬（效用）最大化的市场主体，在其所在特定环境中通过与其他博弈当事者的交互作用或策略互动，能够达到相对稳定的均衡状态时才可以实现的。在这种状态下，当市场参与者推断其他主体不会变动决策时，他们自身也不会变动之前的策略选择，要不然会使其自身的利益遭受损失（新型专业市场的形成在本质上是一种博弈的"纳什均衡"）。当维持各自稳定策略的知识成为市场博弈主体共有的信念后，基于电子商务的新型专业市场制度就形成了。当然，在新型专业市场整体结构与功能保持相对稳定的条件下，市场主体会随着环境的细微变化探索新的知识与策略（主要体现为私人剩余信息 $I_i(.)$ 和私人策略集合 s_i 的边际性扩展），从而促进市场制度安排的渐进演化。但是，只要市场主体所在博弈环境没有出现剧烈或较大变化（e 没有出现剧烈变动），那么市场各参与者就会继续维持之前形成的信念，从而使这一制度能够得以持续地被再生产出来。

第三节　实证分析：以"中国小商品城"
与"中国塑料城"为例[*]

一、两大新型专业市场生发的主观博弈机制

以"中国小商品城"为例，义乌小商品市场发展到 2011 年，虽然在电子商务的诱致下，义乌小商品市场基本实现了网上市场与实体市场互动、多元体系

---

[*] 关于电子商务诱致下"中国小商品城"与"中国塑料城"的历史演进分析，前文已做了相关探讨（本部分更注重于专业市场主体在电子商务环境下的主观博弈分析，但过程是一样的）。笔者认为，"中国小商品城"在电子商务诱致下发展的三个阶段为：萌芽期（1998~2002 年）；多元体系互动发展阶段，即融合期（2003~2011 年）；新型"中国小商品城"形成期（2012 年至今）。"中国塑料城"在电子商务诱致下发展的三个阶段为：萌芽期（1994~1997 年）；多元体系互动发展阶段，即融合期（1997~2003 年）；新型"中国塑料城"形成期（2004 年至今）。

互补发展的态势，但在义乌市场上存在着全国性、本地性、全局性或行业性等多种多样的网上平台，他们无论在规模上还是在功能上相当悬殊。而在 B2B 与 C2C 电子商务平台上，阿里巴巴与淘宝网占据着相当大的市场份额，除此之外的大量平台尚未在经营方式、功能定位等诸多方面获得实质性突破，这就导致不同网上平台同质化竞争相当严重。各类电商平台抑或各淘宝网点在产品上的恶性竞争，最直接的严重后果就是造成网上商品品种及价格信息的混乱。此外，受资金及人员规模的束缚，分散式经营的网上经营户想要大规模网上推广及物流运作都很难实现，而第三方平台针对性的、符合需要的配套设施和服务相对缺乏，这些不足严重制约了市场整体的发展，从而引发现有的传统专业市场与电子商务结合模式出现"制度危机"。与此同时，专业市场各个博弈主体或参与单位根据他们策略的启用集合 $A_i(i \in N)$ 选择策略，在既定的制度选项中（这时基于"中国小商品城"自建电商平台的新型专业市场制度安排已成为可预期的制度现象），市场参与者根据其形成的 $I_i(s)$ 与 $\varphi_i(., I_i(.): \sum^*, e)$ 预测报酬，并进行行为决策，那么选择的策略应该让其获得的报酬（效用）实现最大化。由于之前众多电商平台的无序竞争以及相应配套的缺乏，专业市场电子商务的开展难以形成整体优势，再加之义乌市政府以及市场管理部门在电子商务方面的鼓励和引导，基于"中国小商品城"自建电商平台的新型专业市场意会的或符号的信息浓缩逐步引发市场参与者的信念系统彼此趋同。

当市场参与者对这一新型专业市场制度的认知能够达成一致，且维持各自稳定策略的知识成为市场博弈主体共有的信念后，基于电子商务的新型"中国小商品城"就形成了①。如前所述，既然新型专业市场的形成在本质

---

① 2012 年 10 月，以"中国小商品城"市场为依托、集信息发布、信息担保、交易支付、物流配送等于一体的专业 B2B 电子商务平台——"义乌购"正式上线运营。"义乌购"的诞生，使得"中国小商品城"真正实现了实体市场与网上市场的无缝对接，实现了其由传统专业市场向基于电子商务的新型专业市场的初步转变。2020 年 10 月，义乌市场官方网站"义乌中国小商品城"平台（www. chinagoods. com）正式上线。Chinagoods 平台与线下高度融合，更加聚焦履约端的打造，从贸易履约端着手，打通集货、报关、干线物流、海外仓配送、收汇结汇等全流程的贸易闭环，有利于构建诚信的市场贸易体系，形成利益共生的良性发展格局（资料来源：Chinagoods 平台上线一周年与万千商户携手向前 [EB/OL]. 金华市人民政府外事办公室，2021 - 10，http://swb. jinhua. gov. cn/art/2021/10/19/art_1229168149_58852101. html. ）。

上是一种博弈的"纳什均衡",即对所有的 $i \in N$, $s_i^* = \underset{s_i \in S_i}{\mathrm{argmax}} u_i (\varphi_i(s_i,$ $I_i(s_i, s_{-i}^*) : \sum^*, e))$。这就意味着,基于电子商务的新型专业市场良性生态的形成,最终将取决于博弈各方——市场经营者、市场管理者、生产企业、政府有关部门、电子商务平台、网商服务公司、支付平台、物流配送企业等能否演化成协同的电子商务运作体系,并在此基础上形成实体市场与电子商务高度融合的网络集群,进而实现博弈各方共赢的局面。事实上,这种高度融合的集群能够实现的基本条件,需要建立一套基于专业市场主体的多方参与的网络平台架构体系。电子商务诱致两大专业市场建设新型专业市场的动因主要表现在:(1)第三方电商平台往往汇聚着大量的不同行业,涉及信息范围较广,在很大程度上限制了为单独行业提供垂直搜索的能力,这就造成采购方在网上交易中一般不可能获得全面的供应商信息,以及行业的相关数据。(2)当今贸易时代,厂商或用户在交易中涉及的信息不再仅局限于供应商的信息,还会涉及产品展示、仓储物流、支付等诸多重要环节。现实中,大多数传统 B2B 电商平台不能满足专业市场主体交易的需求。(3)构建网上市场与实体市场高度融合、联动发展的新型专业市场形态,不仅对于促进传统专业市场的转型提升具有现实紧迫性,而且对于形成商品交易、培训、商品展览、支付、快递等各行业共同发展的新型商业生态具有重要的战略意义。

二、两大新型专业市场生发的比较分析

电子商务诱致下"中国小商品城"与"中国塑料城"的发展,都表现出有形市场与无形市场互动发展的态势。一方面,传统专业市场数十年所积累的品牌效应和集聚效应,为其发展电子商务奠定了良好的信任基础。而以实体市场为中心的分工协作网络集聚着大量的中小企业与客户资源,这为网上市场贸易产业链的整合与会员的扩展提供了有力的支撑。可以这么说,实体市场所形成的需求和供给的整合能力是电子商务能够在虚拟市场有效发挥的前提。此外,虽然电子商务的交易效率高于实体市场,但对于专业市场中

的很多产品种类，采购方或客户无法通过网上平台对其信息全部掌握，尤其是对不同产品在心理刚性和质量考核成本等方面会存在很大的差异。因此，一方面，电子商务难以替代实体市场的全部功能，需要借助实体市场的展示等功能实现互补。另一方面，电子商务可以在降低成本的情况下明显提高市场信息资源的整合、配置以及传递的效率，有效缓解市场信息不对称的历史难题，这会促使专业市场的竞争机制进一步得到释放，提高市场配置资源的效率，促进实体市场供应链技术的适应性创新，进而对客户潜在需求的发掘以及产品特征的创新提供更有利的条件，促使市场分工不断细化，从而拓宽以专业市场为中心的分工协作网络。与此同时，网上市场的发展对传统专业市场业态与形态的再塑造，以及物流、仓储等配套体系的升级都发挥着巨大的推动作用。

专业市场的发展是在特定环境（历史的、制度的、文化的等）中适应性演进的，再加之经营商品种类的客观差异，在电子商务诱致下两大专业市场呈现了多样性发展。这主要体现在以下两个方面：第一，新型专业市场建设的成熟程度不同。义乌小商品市场的电子商务在近几年发展较快，网商集群效应明显，但市场经营户大多数网上交易仍是以第三方电商平台为主实现的。这很大程度上是由于"中国小商品城"网上平台上线时间缺乏优势，"中国小商品城"正处于加速实体市场与线上平台深度融合发展的时期，其新型专业市场的建设尚处于起步探索阶段。较之"中国小商品城"线上市场的发展，"中国塑料城"网上交易平台则成立较早，且一直处于不断完善中，目前已打造出浙江塑料城网上交易市场和中塑在线两大互为依托、相互补充的电子交易平台，无论从功能上还是从交易情况来看，余姚"中国塑料城"的网上交易市场已相对比较成熟。此外，"中国塑料城"网上交易市场在保护自主创新知识产权、企业标准化建设方面做得相对比较完善。第二，经营模式不同。"义乌购"与"中国小商品城"实体市场基本实现了线上线下一一对应的互通融合发展，开创性地推出了适应其产品特征的B2R模式。浙江塑料城网上交易市场作为我国首家塑料全程电子商务交易平台，形成了独特的、适合塑料流通的"中塑现货""中塑仓单""现货即期"三种交易模式和"中塑资讯"信息服务平台，实现了交易服务、金融服务以及信息服务的无缝对接，并具备电子商务与物流服务无缝集成与协同管理技术。

第四节　本章结论与启示

一、本章结论

本章得出以下结论：首先，在电子商务诱致新型专业市场生发的过程中，市场中各要素（市场经营者、市场管理者、电子商务服务商、生产企业、物流配送企业等）通过内部及其与外部环境的非线性交互作用不断进行适应性演进，与此同时，市场内会持续催生出新的结构和功能，只有那些适应市场环境的新结构或功能会被保存下来并不断发展。其次，在此过程中，专业市场主体通过与其他市场参与者的交互作用或策略互动，逐步形成多层级、多元体制的互补性进化。当"新型专业市场"这一制度安排意会的或符号的信息浓缩所引发的参与者的信念系统彼此趋同时，基于电子商务的新型专业市场就会逐步达成稳定的均衡策略。再次，基于电子商务的新型专业市场良性生态的形成，最终将取决于博弈各方能否演化成协同的电子商务运作体系，并在此基础上形成实体市场与电子商务高度融合的网络集群，进而实现博弈各方共赢的局面。最后，由于专业市场的演进是在其特定环境（历史、制度、文化等）中内生性或自组织演进的，基于电子商务的新型专业市场的演化会呈现出多样性。并且，政府在这一演化过程中，通过改变市场主体的演化环境和条件促进新型专业市场的形成，在一定程度上发挥了补充性和阶段性功能。

二、本章启示

第一，在演化初期，个体收益是诱发专业市场中微观经济主体安排创新的需求，管理层要确保自由、公正的市场竞争环境，及其与外部经济环境有机的流动性,这是专业市场开展电子商务并实现与之融合发展的基本条件;演化的协同阶段要协调系统中各种体制、机制创新的兼容性,综合运用和完善财税、检验检疫、金融、海关、知识产权和人才等方面的政策,以此来优化专业市场系统中各体制协同创新的运行机制,在保障资源共享权益秩序的同时降低风险成本;演化的最后,新型专业市场制度的形成需要采用法律等形式确立不同系统中行为主体的制度安排和产权规则,在确保博弈规则公平公正基础上,进一步完善电子商务产业发展所需要的各种制度、法律、人才等需求,以全方位推动传统专业市场向基于电子商务的新型经济形态转型。

第二,新型专业市场的形成需要充分发挥专业市场与电子商务融合发展的自组织性,以释放更多新的利润流和全要素生产率(尤其是与技术进步有关的生产率),进而诱致专业市场生态系统中更多新功能和结构的产生,这是传统专业市场向基于电子商务的新型专业市场"适应性"进化的必要条件。与此同时,还应注意其自组织演化的复杂性:一是专业市场与电子商务融合演化的内生性天然允许各个地方存在差异,例如,义乌小商品市场的 B2R 商业模式就是针对其产品特征应运而生的;二是即使规划者对于制度变迁的目标即最优新制度体系的认识已很明确,但由于现实经济的复杂性,制度变迁的过程也很可能并不按照预期的那样"标准"。故传统专业市场在电子商务诱致下进行制度演变的同时,需要顶层设计通过一种包容性的、互补的方式进行引导和支持,在秉承市场主体博弈规则公平这一原则的基础上,对市场演进的效率、结构互补和均衡方面适时加以引导。

参 考 文 献

[1] 阿伦·杨格. 报酬递增与技术进步 [J]. 经济社会体制比较，1996 (2)：52-57.

[2] 白小虎. 本地社会网络、分工网络与市场扩张的边界——桥头纽扣市场的经济史研究 [J]. 浙江社会科学，2012 (12)：24-30.

[3] 白小虎. 浙江专业市场：理论、实践与研究展望 [J]. 中共浙江省委党校学报，2008，24 (6)：112-117.

[4] 包伟民，王一胜. 义乌模式：从市镇经济到市场经济的历史考察 [J]. 浙江社会科学，2002 (5)：149-153.

[5] 保罗·克鲁格曼. 地理与贸易 [M]. 北京：北京大学出版社. 2002.

[6] 蔡晓月. 熊彼特式创新的经济学分析——创新原域、连接与变迁 [M]. 上海：复旦大学出版社，2009.

[7] 曹义. 互联网时代专业市场空间的分化路径研究 [C]. 面向高质量发展的空间治理——2020 中国城市规划年会论文集，2021.

[8] 查日升. 中国参与全球经济治理模式研究——基于全球价值链治理视角 [J]. 宏观经济研究，2015 (5)：16-17.

[9] 陈杰. 我国专业市场与电子商务市场融合发展研究——以嘉兴食品为例 [J]. 农业网络信息，2013 (10)：108-110.

[10] 陈庆. 专业市场、电子商务与快递业联动发展研究——基于浙中城市群建设的思考 [J]. 价值工程，2013 (13)：24-25.

[11] 程建华. 数字经济背景下我国传统专业市场转型突围路径研究——以浙江省为例 [J]. 南京理工大学学报（社会科学版），2021，34 (5)：70-76.

[12] 储文霞，周经，王唤明．供给侧改革视角下茶叶专业市场的转型与升级 [J]．赤峰学院学报（汉文哲学社会科学版），2018，39（12）：73－75．

[13] 董志强．制度及其演化的一般理论 [J]．管理世界，2008（5）：151－163．

[14] 凡勃伦．有闲阶级论：关于制度的经济研究 [M]．北京：商务印书馆，1964．

[15] 菲利普·阿吉翁，彼得·霍依特．内生增长理论 [M]．北京：北京大学出版社，2004．

[16] 弗罗门．经济演化——探究新制度经济学的理论基础 [M]．李振明等，译，北京：经济科学出版社，2003．

[17] 高培勇，袁富华，胡怀国，刘霞辉．高质量发展的动力、机制与治理 [J]．经济研究，2020，55（4）：4－18．

[18] H. 哈肯．信息与自组织 [M]．成都：四川教育出版社，1988．

[19] 何自力．比较制度经济学 [M]．北京：高等教育出版社，2007．

[20] 黄凯南．制度生成与演化的主观博弈论分析：新的理论探索 [J]．理论学刊，2014（4）：43－48．

[21] 黄凯南．主观博弈论与制度内生演化 [J]．经济研究，2010（4）：134－145．

[22] 黄少安，刘海英．制度变迁的强制性与诱致性——兼对新制度经济学和林毅夫先生所做区分评析 [J]．经济学动态，1996（4）：58－61．

[23] 黄思．乡村振兴战略背景下产业振兴路径研究——基于一个药材专业市场的分析 [J]．南京农业大学学报（社会科学版），2020（3）：26－33．

[24] 黄训江．中国专业市场技术效率与生产率增长 [J]．产业经济评论（山东大学），2016，15（4）：153－178．

[25] 金祥荣，柯荣住．对专业市场的一种交易费用经济学解释 [J]．经济研究，1997（4）：74－79．

[26] 金祥荣．为什么外国没有中国特有？——一种制度演进的路径依赖模式 [J]．浙江社会科学，1996（5）：18．

［27］金祥荣，朱希伟．专业化产业区的起源与演化——一个历史与理论视角的考察［J］．经济研究，2002（8）：74－82.

［28］黎峰．升级专业市场建设双向开放新平台［J］．群众，2021，（22）：32－33.

［29］李芬芬．浙江专业市场推动下的城镇化研究［D］．海口：海南师范大学，2013.

［30］李桂花．自组织经济理论：和谐理性与循环累积增长［M］．上海：上海社会科学院出版社，2007.

［31］李浩川．产业转型升级与专业市场制度创新［J］．中国经贸导刊，2010（10）：64－65.

［32］李虹．浅谈电子商务与传统专业市场融合的内在机理［J］．商场现代化，2012（9）：23－24.

［33］李守伟，何建敏．专业市场发展对经济转型影响的实证研究［J］．北京理工大学学报（社会科学版），2011，13（2）：16－18.

［34］李洋鑫．电子商务影响下的专业市场经营空间变化机制研究——以杭州四季青服装专业市场为例［D］．杭州：浙江大学，2018.

［35］李瑶．我国专业市场区域分布研究：特征、差异及成因——基于2008~2016年的数据［D］．南昌：南昌航空大学，2018.

［36］李志刚，张吉军，苟建林．基于系统混沌理论的企业创新过程管理研究［J］．管理纵横，2011（2）：31－34.

［37］刘乃全，任光辉．区域经济发展中的专业市场与产业集群互动——从影响因子角度的分析［J］．上海经济研究，2011（1）：23－34.

［38］刘天祥，刘显文，李冠华．专业市场内生报酬递增机理探讨［J］．湖南商学院学报，2012（5）：5－10.

［39］刘雨倩，许娇．叠石桥家纺专业市场与海门区经济发展关系的实证研究［J］．江苏商论，2022（5）：9－13.

［40］刘志彪，吴福象．"一带一路"倡议下全球价值链的双重嵌入［J］．中国社会科学，2018（8）：17－32.

［41］刘志彪．新冠肺炎疫情下经济全球化的新趋势与全球产业链集群

重构 [J]. 江苏社会科学, 2020 (3): 1-8.

[42] 鲁晓玮, 盛亚. 浙江省专业市场向服务业集聚平台演进研究述评 [J]. 浙江树人大学学报 (人文社会科学), 2018, 18 (3): 31-36.

[43] 陆立军, 白小虎, 王祖强. 市场义乌——从鸡毛换糖到国际商贸 [M]. 杭州: 浙江人民出版社, 2003.

[44] 陆立军, 陈丹波. 中国特色社会主义的成功实践: 义乌例证 [J]. 改革, 2018 (3): 35-42.

[45] 陆立军. 基于演化动力学的专业市场与产业集群互动机理研究——以"义乌商圈"为例 [J]. 经济学家, 2011 (2): 51-59.

[46] 陆立军, 刘广. 交易群体态度转变视阈下专业市场融合电子商务研究 [J]. 财经论丛, 2013 (4): 3-8.

[47] 陆立军, 刘猛. 电子商务诱致下专业市场交易制度的变迁: 理论与模型 [J]. 商业经济与管理, 2013 (5): 23-29.

[48] 陆立军, 王祖强. 专业市场——地方型市场的演进 [M]. 上海: 上海人民出版社, 2008.

[49] 陆立军, 杨海军. 市场拓展、报酬递增与区域分工——以"义乌商圈"为例的分析 [J]. 经济研究, 2007 (4): 67-78.

[50] 陆立军, 杨志文, 郑小碧. 义乌试点 [M]. 北京: 人民出版社, 2014.

[51] 陆立军, 于斌斌. 论电子商务与专业市场的转型、提升——基于义乌小商品市场的实地调研与问卷分析 [J]. 情报杂志, 2009 (7): 33-38.

[52] 陆立军, 俞航东, 陆瑶. 专业市场与产业集群的关联强度及其影响因素 [J]. 中国工业经济, 2011 (1): 151-160.

[53] 陆立军, 张友丰, 杨志文. 电子商务诱致新型专业市场形成的比较制度分析 [J]. 贵州社会科学, 2014 (9): 104-109.

[54] 陆立军, 张友丰. 专业市场转型的路径与机制研究 [J]. 中国人民大学报刊复印资料《贸易经济》, 2014 (9): 17-21.

[55] 陆立军, 赵永刚. 网络拓展、品牌嵌入与专业市场适应性——基

于义乌"中国小商品城"的实证分析 [J]. 中国软科学, 2012 (7): 115 - 125.

[56] 陆立军. 专业市场与电子商务的动态融合机制及路径研究: 理论、模型与实证——以义乌"中国小商品城"为例 [J]. 制度经济学研究, 2013 (4): 158 - 182.

[57] 吕丽珺, 吴有权. 专业市场电子商务化发展模式与影响因素研究——以浙江专业市场发展为例 [J]. 商场现代化, 2013 (26): 82 - 84.

[58] 罗卫东. 专业市场开启了有中国特色的市场化改革路径——评陆立军、王祖强新著《专业市场: 地方型市场的演进》[J]. 中共浙江省委党校学报, 2009 (2): 120 - 124.

[59] 马歇尔. 经济学原理 [M]. 北京: 商务印书馆, 1964.

[60] 马旭东. 演化博弈论在制度变迁研究中的适用性分析 [J]. 中央财经大学学报, 2010 (3): 79.

[61] 玛丽·佩利·马歇尔. 产业经济学 [M]. 北京: 商务印书馆, 2015.

[62] 曼瑟尔·奥尔森. 集体行动的逻辑 [M]. 上海: 上海人民出版社, 2003.

[63] 聂爽爽, 马艳丽. 绍兴跨境电商综试区建设促进专业市场转型升级路径研究 [J]. 商业经济, 2020 (12): 116 - 118.

[64] 潘建林. 网络经济背景下传统专业市场变革路径及对策——以义乌国际小商品城为例 [J]. 中国市场, 2017, (18): 22 - 23.

[65] 潘旭明. 知识与经济增长的关联性研究述评 [C]. 第六届中国管理学年会——技术与创新管理分会场论文集, 2011: 1 - 6.

[66] 彭继增, 孙广鑫. 金融发展视域下中小企业融资能力对专业市场发展的门限效应研究 [J]. 云南民族大学学报 (哲学社会科学版), 2019, 36 (2): 127 - 134.

[67] 彭继增, 邹志锋, 孙中美. 产业转移、专业市场与特色城镇化互动的实证分析 [J]. 江西社会科学, 2014, 34 (8): 61 - 68.

[68] 乔治·阿克洛夫. 柠檬市场: 质量的不确定性和市场机制 [J].

经济导刊, 2001 (6): 2-8.

[69] 青木昌彦, 奥野正宽. 经济体制的比较制度分析 [M]. 北京: 中国发展出版社, 2005.

[70] 青木昌彦. 比较制度分析 [M]. 上海: 上海远东出版社, 2001.

[71] 青木昌彦. 比较制度分析: 起因和一些初步的结论 [J]. 经济社会体制比较, 1997 (1): 1-7.

[72] 邱毅, 郑勇军. 交易效率、运输成本、产业集群与中心市场生成 [J]. 商业经济与管理, 2010 (7): 11-17.

[73] 任光辉. 专业市场主导的区域经济研究 [M]. 北京: 社会科学文献出版社, 2016.

[74] 盛洪. 专业市场的经济学逻辑 [J]. 制度经济学研究, 2015 (4): 160-170.

[75] 石佳. 浙江省专业市场演变梳理 [J]. 经营与管理, 2015 (8): 97-99.

[76] 石涛, 陶爱萍. 报酬递增: 特殊性向普遍性转化的分析 [J]. 中国工业经济, 2007 (4): 5-12.

[77] 史晋川. 制度变迁与经济发展: "浙江模式" 研究 [J]. 浙江社会科学, 2005 (5): 17-22.

[78] 孙立群. 电子商务视角下专业市场交易制度的发展与变革 [J]. 改革与战略, 2017, 33 (6): 51-53.

[79] 孙振明, 马丁·佩里. 产业集群与中国专业市场分类 [J]. 山东社会科学, 2008 (6): 92-96.

[80] 汪丁丁. 知识表达、知识互补性、知识产权均衡 [J]. 经济研究, 2002 (10): 83-96.

[81] 王爱群, 赵东. 评《专业市场主导的区域经济研究》 [J]. 经济地理, 2021, 41 (11): 200.

[82] 王必达, 赵城. 区域产业转型升级中的专业市场效应分析 [J]. 复旦学报 (社会科学版), 2019 (5): 181-187.

[83] 王超贤. 专业市场流通体系品牌嵌入困境解析 [J]. 中国流通经

济，2015，29（6）：119 – 123.

［84］王达光．中药材市场电子商务平台安全策略研究［J］．大众科技，2012（7）：39 – 41.

［85］王平，谢守红，沈佳涛．专业市场经营户的市民化意愿及影响因素［J］．经济地理，2019，39（5）：87 – 91.

［86］王群智，骆强．新兴皮革专业市场基于 O2O 的电子商务模式探析［J］．皮革科学与工程，2013（6）：71 – 73.

［87］王赛娟．浙江专业市场变迁研究［D］．杭州：浙江工商大学，2007.

［88］王喜美．面向专业市场的电子商务模式研究——以重庆外滩摩配市场为例［D］．重庆：重庆工商大学，2009.

［89］王小广．高质量发展要聚焦做好哪些大事［EB/OL］．人民论坛网，2020 – 03 – 12. http：//www. rmlt. com. cn/2020/0312/572200. shtml.

［90］王一鸣，陈昌盛，李承健．正确理解供给侧结构性改革［N］．人民日报，2016 – 3 – 29（7）.

［91］王滢波．从数字经济看自由主义的局限性［J］．国外社会科学前沿，2022（3）：43.

［92］王祖强，应武波．电子商务发展促专业市场转型与升级［J］．电子商务，2010（10）：16 – 18.

［93］吴应良，杨玉琼．专业市场电子商务平台的构建与运营［J］．科技管理研究，2010（23）：207 – 210.

［94］武雅斌，王思语．从义乌专业市场看我国扩大进口路径选择［J］．国际贸易，2018（10）：37 – 44.

［95］谢守红，谭志美，曹炳汝．专业市场与浙中城市群空间演变研究［J］．城市发展研究，2018，25（12）：14 – 17.

［96］谢守红，王平，常梦竹．义乌市专业市场与城镇化发展互动关系［J］．经济地理，2017，37（1）：142 – 147.

［97］谢守红，王平，周驾易．长三角专业市场发展评价与空间差异［J］．经济地理，2015，35（12）：113 – 118.

［98］谢守红，周驾易．我国主要城市专业市场的发展状况及其影响因素［J］．城市问题，2014（8）：55－59.

［99］徐翀．专业市场公共安全服务有效供给路径研究——以苏州市金阊新城为例［D］．苏州：苏州大学，2019.

［100］徐捷，王中友．专业市场电子商务平台的建设和发展前景［J］．电子世界，2013（2）：15－16.

［101］许仲生，罗娟娟．基于SOA的电子商务代运营服务体系构建研究［J］．哈尔滨商业大学学报：社会科学版，2014（2）：56－62.

［102］亚当·斯密．国民财富的性质和原因的研究（上卷）［M］．北京：商务印书馆，1972.

［103］杨虎涛．演化经济学讲义——方法论与思想史［M］．北京：科学出版社，2011.

［104］杨清谦．合作治理理论视角的专业市场治理研究——以广州市沙河服装专业批发市场为例［D］．广州：华南理工大学，2018.

［105］杨小凯，黄有光．专业化与经济组织——一种新兴古典微观经济学框架［M］．北京：经济科学出版社，1999.

［106］杨小凯．经济学：新兴古典与新古典框架［M］．北京：社会科学文献出版社，2003.

［107］杨小凯，张永生．新兴古典经济学与超边际分析（修订版）［M］．北京：社会科学文献出版社，2003.

［108］杨雪滢，白俊峰．破坏性创新与自主品牌跨越式发展［M］．北京：化学工业出版社，2012.

［109］杨志文．组态思维下专业市场多元国际化路径——基于74个案例的模糊集定性比较分析［J］．治理研究，2022，38（3）：101－112.

［110］衣保中，李敏．全球价值链攀升中的集群与专业市场联动机理研究［C］．全国经济地理研究会第十三届学术年会暨金融危机背景下的中国区域经济发展研讨会论文集，2009：76－83.

［111］衣保中，王志辉，李敏．如何发挥区域产业集群和专业市场的作用——以义乌产业集群与专业市场联动升级为例［J］．管理世界，2017

（9）：172-173.

[112] 于斌斌，陆立军. 专业市场线上线下双渠道选择的策略研究 [J]. 科研管理，2019，40（11）：185-193.

[113] 于斌斌，陆立军. 专业市场与电子商务双渠道融合的微观机理与实证分析 [J]. 研究与发展管理，2017，29（3）：141-149.

[114] 于江涛. 专业市场电商模式转型升级研究 [J]. 中国战略新兴产业，2017，（44）：45.

[115] 张驰，刘雨，宋瑛. 生鲜农产品专业市场O2O转型机理研究——基于"香满圆"的案例 [J]. 上海商学院学报，2018，19（5）：46-51.

[116] 张帆. 专业市场与电子商务的业态融合与创新——基于义乌B2R商业模式的研究 [J]. 技术经济与管理研究，2016（2）：110-113.

[117] 张洪磊. 中国股票市场比较制度分析 [D]. 北京：对外经济贸易大学，2006.

[118] 张洪石，陈劲. 突破性创新的组织模式研究 [J]. 科学学研究，2005（8）：566-571.

[119] 张仁寿. 对专业市场的若干思考 [J]. 浙江社会科学，1996（5）：16-18.

[120] 张仁寿，李红. 温州模式研究 [M]. 北京：中国社会科学院出版社，1990.

[121] 张晓东. 专业市场流通体系的组织结构、演变及发展路径探析 [J]. 商业经济研究，2018（3）：39-42.

[122] 张友丰，陆立军. 电子商务诱致新型专业市场生发的主观博弈机制：一个比较制度分析框架 [J]. 中国人民大学报刊复印资料《贸易经济》，2016（3）：50-57.

[123] 张友丰，杨志文. 知识积累、报酬递增与新型专业市场——以义乌小商品市场为例 [J]. 华东经济管理，2014（7）：22-27.

[124] 赵家恒. 大城市传统专业市场有机更新的规划实践与路径选择——以杭州四季青服装市场为例 [D]. 杭州：浙江工业大学，2017.

[125] 赵泉午，吕雪琪，刘婷婷. 专业市场业态适应性影响因素的实

证研究——以国内 35 个大中城市为例 [J]. 华东经济管理，2015，29 (10)：61 – 66.

[126] 赵颖. 专业市场两级分化加深 [J]. 纺织科学研究，2022 (3)：35 – 37.

[127] 郑红岗，郑勇军. 网络经济背景下浙江省专业市场转型升级研究 [J]. 浙江工商大学学报，2016，(3)：65 – 71.

[128] 郑红岗，郑勇军. 专业市场与电子商务融合发展模式及对策 [J]. 中共浙江省委党校学报，2016，32 (3)：65 – 70.

[129] 郑少川. 专业市场转型升级中政府作用研究——以白藤水产市场为例 [D]. 成都：西南交通大学，2018.

[130] 郑小碧，刘广. 专业市场与电子商务联动发展的演化路径研究——以义乌中国小商品城为例 [J]. 华东经济管理，2013 (7)：20 – 24.

[131] 郑小碧. 专业市场与嵌入性品牌的关系模式及其影响因素——基于绍兴"中国轻纺城"的实证研究 [J]. 制度经济学研究，2014 (3)：20.

[132] 郑勇军. 浙江农村工业化中的专业市场制度研究 [J]. 浙江社会科学，1998 (6)：10 – 16.

[133] 周健生，陶爱萍. 分工演进视角下报酬递增规律的探析 [J]. 学术论坛，2009 (9)：123 – 126.

[134] 周京. 我国专业市场兴衰规律和启示 [J]. 中国流通经济，2015 (11)：9 – 18.

[135] 周京. 专业市场的嬗变：义乌市场发展变革与启示 [J]. 中国流通经济，2016，30 (12)：19 – 28.

[136] 周倩. 专业市场与经济增长关系及其发展研究——以河北省安国市为例 [D]. 石家庄：河北师范大学，2013.

[137] 朱晓青. 专业市场型混合功能聚落的形态演进与机制解析——浙江"义乌模式"的商住共同体实证 [J]. 经济地理，2015，35 (5)：111 – 117.

[138] 朱圆圆. 专业市场促进区际经济合作的机理研究——以浙江义

乌中国小商品城为例［D］. 南昌：南昌航空大学，2017.

［139］Allyn A. Young. Increasing Returns and Economic Progress［J］. *The Economic Journal*，1928，38（152）：527－542.

［140］Andrew D. Millsa，Todd Levinb，Ryan Wisera，Joachim Seela，Audun Botterudb. Impacts of Variable Renewable Energy on Wholesale Warkets and Generating Assets in the United States：A Review of Expectations and Evidence［J］. *Renewable and Sustainable Energy Reviews*，2020（120）：109670.

［141］Александровна，Цепкова Мария. Assortment Management of Russian Wholesale Company（on the Example of Pet Products Market）［J］. *Practical Marketing/Prakticheskiy Marketing*，2018，260（10）：37－44.

［142］Becker G. ，Murphy K. The Division of Labor，Coordination Costs，and Knowledge［J］. *The Quarterly Journal of Economics*，1992，CVII（4）：1137－1160.

［143］Boris Kuzman，Nedeljko Prdić. Strategic Significance of Wholesale Markets in Agricultural Products Sale［C］. Proceedings of the IAE Scientific Meetings，2018：87－104.

［144］Boris Kuzman，Nedeljko Prdić，Zoran Dobraš. The Importance of the Wholesale Markets for Trade in Agricultural Products［J］. *Economics of Agriculture/Ekonomika Poljoprivrede*，2017，64（3）：1177－1190.

［145］Braudel F. *Capitallism and Material Life*［M］. New York：Harper and Row，1975.

［146］Britnell R. ，B. Campbell eds. *A Commercializing Economy：England 1086 to1300*［M］. Manchester：Manchester University Press，1994.

［147］Christensen，Clayton M. ，Overdorf，Michael. Meeting the Challenge of Disruptive Change［J］. *Harvard Business Review*，2000，78（2）：66－76.

［148］Christensen C. M. *The Innovator's Dilemma：When New Technologies Cause Great Firms to Fail*［M］. Boston，MA：Harvard Business School Press，1997.

［149］ Coase, R. The Problem of Social Cost ［J］. *Journal of Law and Economics*, 1960, 3 (1): 2 – 40.

［150］ Crozet M. , Lalanne G. , Poncet S. Wholesalers in International Trade ［J］. *European Economic Review*, 2013, 58 (2): 1 – 17.

［151］ Dixit A. , Stiglitz J. Monopolistic Competition and Optimum Product Diversity ［J］. *The American Economic Review*, 1977, 67 (3): 297 – 308.

［152］ Emma Nicholson. Procuring Flexibility in Wholesale Electricity Markets ［J］. *Current Sustainable/Renewable Energy Reports*, 2019, 6 (3): 100 – 106.

［153］ F. Kiya, H. Davoudpour. Stochastic Programming Approach to Re-designing a Warehouse Network under Uncertainty ［J］. *Transportation Research Part E: Logistics and Transportation Review*, 2012, 48 (5): 919 – 936.

［154］ Gereffi G. , Korzeniewicz M. *Commodity Chains and Global Capitalism* ［M］. Westport: Greenwood Press, 1994.

［155］ Grant R. M. Toward a Knowledge-based Theory of the Firm ［J］. *Strategic Management Journal*, 1996 (17): 109 – 122.

［156］ Greif A. *Institutions and the Path to the Modern Economy: Lessons from Medieval Trade* ［M］. Cambridge: Cambridge University Press, 2006.

［157］ Hayek. *Law, Legislation and Liberty* ［M］. Chicago: The University of Chicago Press, 1973.

［158］ Huricz L. Institutions as Families of Game Forms ［J］. *Japanese Economic Review*, 1996 (47): 16 – 131.

［159］ I. A. Dolmatov, S. V. Sasim. Assessment of the State of Competition in the Wholesale Electricity Market ［J］. *Studies on Russian Economic Development*, 2022, 33 (2): 185 – 191.

［160］ Jay Paap, Ralph Katz. Anticipating Disruptive Innovation ［J］. *Research Technology Management*, 2004, 47 (5): 13 – 22.

［161］ Kenneth J. Arrow. The Economic Implications of Learning by Doing ［J］. *The Review of Economic Studies*, 1962, 29 (3): 155 – 173.

[162] Krugman P. Scale Economics, Product Differentiation, and The Patten of Trade [J]. *American Economic Review*, 1980, 70 (5): 950 – 959.

[163] Kuzman B. , Prdić N. , Dobraš Z. The Importance of the Wholesale Markets for Trade in Agricultural Products [J]. *Economics of Agriculture*, 2017, 64 (3): 1177 – 1190.

[164] Lance E. D. , Douglass C. N. *Institutional Change and American Economic Growth* [M]. Cambridge: Cambridge University Press, 1971.

[165] Lovreta S. *Strategija Trgovine Grada Beograda* [M]. Beograd: Centar Za Izdavačku Delatnost Ekonomskog Fakulteta, 2008.

[166] Lucas R. On the Mechanism of Economic Development [J]. *Journal of Monetary Economics*, 1988, 22 (1): 3 – 22.

[167] Mihaela Lonescu Sas. Liquidity and Transparency of Natural Gas on the Wholesale Market [J]. *Annals of the University of Oradea, Economic Science Series*, 2016, 25 (2): 95 – 105.

[168] Nedeljko Prdić, Miljana Barjaktarević. Economic Efficiency of Trade on Wholesale Markets [C]. Proceedings of the IAE Scientific Meetings, 2019: 589 – 604.

[169] North D. *Institutions, Institutional Change and Economic Performance* [M]. Cambridge: Cambridge University Press, 1990a.

[170] Paul M. Romer. Growth Based on Increasing Returns Due to Specialization [J]. *American Economic Review*, 1987 (77): 56 – 62.

[171] Paul M. Romer. Increasing Returns and Long – Run Growth [J]. *Journal of Political Economy*, 1986, 94 (5): 1002 – 1037.

[172] Peter W. , Vitale M. R. *Place to Space: Migrating to E-business Models* [M]. Boston: Harvard Business School Press, 2001.

[173] Pine Ⅱ, B. *Mass Customization: The New Frontier in Business Competition* [M]. Boston: Harvard Business School Press, 1992.

[174] Porter M. E. *The Competitive Advantage of Nations* [M]. New York: Free Press, 1990.

［175］ Rakhman Mahbubur S, Prus Danylo V. Analyzing the Wholesale Market of Ukraine ［J］. *Biznes Inform*, 2020, 7 (510): 154 – 160.

［176］ Ramakrishnan R. An Empirical Analysis on the Influence of Risk on Relationships between Handling of Product Returns and Customer Loyalty in E-commerce ［J］. *Int. J. Production Economics*, 2011 (130): 255 – 261.

［177］ Reiter S. , J. Hugh. A Preface on Modeling the Regulated United States Economy ［J］. *Hofstra Law Review*, 1981 (9): 1382 – 1420.

［178］ Retsef Levia, Manoj Rajanb, Somya Singhvi, Yanchong Zheng. The Impact of Unifying Agricultural Wholesale Markets on Prices and Farmers' Profitability ［J］. *Proceedings of the National Academy of Sciences of the United States of America*, 2020, 117 (5): 2366 – 2371.

［179］ Schumpeter J. *Capitalism, Socialism, and Democracy* ［M］. New York: Harper and Row, 1942.

［180］ Tadashi Ito, Ryohei Nakamura, Manabu Morita. Wholesalers, Indirect Exports, Geography, and Economies of Scope: Evidence from Firm Transaction Data in Japan ［J］. *Japan and the World Economy*, 2021 (58): 101055.

［181］ Uzawa, Hirofumi. Optimal Technical Change in an Aggregative Model of Economic Growth ［J］. *Review of Economic Studies*, 1964 (31): 1 – 24.

［182］ W. Brian Arthur. Competing Technologies, Increasing Returns, and Lock – In by Historical Events Competing ［J］. *The Economic Journal*, 1989, 99 (394): 116 – 131.

［183］ Xiao Kai – Yang, Borland J. A Microeconomic Mechanism for Economic Growth ［J］. *Journal of Political Economy*, 1991, 99 (3): 460 – 482.

［184］ Young A. Invention and Bounded Learning by Doing ［J］. *Journal of Political Economy*, 1993, 101 (3): 443 – 472.

后　记

　　本书是笔者历经多年的学习、调研、思考与研究得以完成的。此刻提笔，感慨万千。首先，本书的撰写完成要特别感谢我人生中两位学业导师的长期指导与帮助，他们分别是中共浙江省委党校陆立军教授与浙江工商大学马淑琴教授。两位恩师既是我的学业导师，也是我的人生导师。在读硕士阶段我有幸成为浙江省特级专家陆立军教授的弟子，自此在陆老师的教导下，开启了我对专业市场的学术研究之路，陆老师求真务实、严谨治学的学术精神让我受益终身。之后，在攻读博士学位阶段我有幸成为马淑琴教授的弟子，马老师学识渊博、和蔼可亲，在学术研究方面不仅给予我悉心指导，也十分注重培养我们身为经济学研究者应有的科研素质与钻研精神。本人学疏才浅，在两位恩师的指导下，本人对新时期专业市场发展所面临的问题和发展特征也提出了一些浅薄的思考。值得欣慰的是，在公开发表的一些学术论文中，我的两篇论文，即《专业市场转型的路径与机制研究》（原发《经济纵横》）与《电子商务诱致新型专业市场生发的主观博弈机制：一个比较制度分析框架》（原发《经济问题》），有幸被中国人民大学报刊复印资料（全文复印）《贸易经济》转载，这也构成了本书对专业市场高质量发展思考的重要理论支撑。

　　其次，要感谢我的师兄浙江师范大学郑小碧老师，中共浙江省委党校杨志文老师，浙江工商大学于斌斌老师，他们不仅在学术研究方面是我学习的榜样，也在我疑惑迷茫时给予我莫大鼓励与指引。感谢浙江工商大学杭州商学院经法学院的张友仁院长、卢俊峰院长，以及段炼老师、陈斌老师、许香存老师、张宇老师等领导和同事对我工作与学术的帮助与指导。感谢浙江工商大学王江杭、徐苗、于晓飞、陆改红、任福耀等师兄弟、师姐妹的关心与帮助。

最后，要衷心感谢我的妻子方春花女士、爱子张方泽，以及父母、兄长、妹妹等家人的关怀与照顾。家人的陪伴、支持与鼓励，是我撰写本书过程中劳累之时最温馨的港湾。

谢毕，回顾本书的研究，不得不说的是，本书只是开启专业市场高质量发展研究的一个初次尝试。党的十八大以来，中国特色社会主义进入了新时代，我国经济已由高速增长阶段转向高质量发展阶段。伴随我国经济在新发展格局下的高质量纵深发展，一些大型专业市场也迈入"高质量内涵式发展"时期，其重要的枢纽价值与载体功能进一步凸显，并在新的发展环境下不断呈现出新的趋势特征，为"中国奇迹"继续发挥难以替代的贡献。因此，关于专业市场高质量发展的深入研究值得期待！

张友丰

2022 年 10 月 1 日